AF524034

Wald und Wiese
in der Kita erleben
44 Praxisideen
für drinnen und draußen

ökotopia

Impressum

ISBN 978-3-96046-268-2

Lieblingsprojekte für die Kita

WALD UND WIESE IN DER KITA ERLEBEN
44 Praxisideen für drinnen und draußen

VERLAG
Klett Kita GmbH
Rotebühlstr. 77
70178 Stuttgart
www.klett-kita.de

REDAKTION
Myriam Bork

REDAKTIONELLE MITARBEIT
Sarah Baudisch, Verena Ivanowitsch, Tina Scherer

AUTOR:INNEN
Marion Bischoff, Heike König, Michaela Lambrecht,
Tina Scherer, Theresa Stenner

ILLUSTRATION
Alexandra Junge

GRAFIK
Discodoener, Stuttgart
DOPPELPUNKT, Stuttgart

DRUCK
Grafik Media Produktionsmanagement, Köln

Inhaltsverzeichnis

KINDERKÜCHE

WALD & WIESE

U3-ERLEBNISREICH

KOPIERVORLAGEN

EINE KITA IM FREIEN

Der Wald

Der Wald gleich um die Ecke ist ein einziger riesiger Outdoor-Spielplatz – und noch viel mehr: Der Wald ist Ruheraum, Lernort, Turnhalle, Küche und Klanglabor, im Wald ist Platz zum Experimentieren und Toben. Der Wald ist also eigentlich eine eigene kleine Kita. Erfahren Sie, wie Sie mit den Kindern „Ihren" Wald, ganz anders, ganz neu und voller Freude und Erholung erleben können. Denn als Erholungsgebiet dient der Wald den Menschen seit vielen Jahrhunderten (oder Jahrtausenden) und ist durch nichts zu ersetzen.

ERHOLUNG FÜR ALLE

Der Wald ist ein lebendes Ökosystem: Sich im Wald aufzuhalten, das ist durch keine andere Erfahrung an keinem anderen Ort der Erde zu ersetzen. Die Nachhaltigkeitsdebatte der letzten Jahre trägt dieser Erkenntnis auch in der Politik Rechnung. Der Wald als Erholungsraum soll für die nachfolgenden Generationen erhalten werden. Was genau ist denn so erholsam im Wald? Wir haben einige verblüffende Antworten für Sie.

Abenteuer gibt es im Wald auf Schritt und Tritt

Im Wald umgibt Sie und die Kinder eine andere, eine natürliche Geräuschkulisse. Die Bäume filtern den Straßen- und Industrielärm, von dem Sie möglicherweise sonst umgeben sind. Statt des Lärms dringen Blätterrauschen (außer im Winter), Vogelgezwitscher und Tiergeraschel an Ihre Ohren. Allein diese akustische Kulisse an Naturgeräuschen unter Ausschaltung des Alltagslärms wirkt erholsam.

Einen Baum umarmen oder einfach liebhaben: Es gibt die Liebe auf den ersten Blick

Doch der Wald hat noch mehr zu bieten. Der Sauerstoffgehalt unserer Luft ist im Wald wegen der vielen grünen, Fotosynthese betreibenden Pflanzen besonders hoch. Ein kleiner Kick für die Lungen. Dazu ist die Luft sauberer als in der Stadt oder auf dem freien Land. Im Sommer gibt es im Wald weniger oder keinen Ozon-Alarm, dafür wohltuenden Schatten.

Sich für Bäume, Pflanzen und Tiere öffnen und ganz genau hinfühlen: Walderlebnisse warten an jedem Baum

Wussten Sie das alles schon? Dann kommt jetzt noch eine besondere Neuigkeit. In den letzten Jahren hat man neue Erkenntnisse über das (Zusammen-)Leben der Pflanzen, insbesondere der Bäume gewonnen. Literatur wie „Das geheime Leben der Bäume" klärt darüber auf, dass es sie gibt: die guten Schwingungen von Pflanzen und Bäumen. Wer sensibel für feinstoffliche Veränderungen ist, der fühlt sich im Wald sofort wohl. Anders als in unserer von Menschen geschaffenen, künstlichen Umwelt in Zimmern, geschlossenen Räumen, Sälen, Hallen und Häusern fühlt sich der Wald lebendig an. Und wer sein Herz für die Pflanzen und Tiere des Waldes entdeckt hat, der wird bei jedem Waldspaziergang fündig: Vielleicht huscht ein Eichhörnchen über den Weg oder ein Mistkäfer krabbelt gemächlich an Ihnen vorbei, vielleicht erhaschen Sie aber auch einen Blick auf ein Reh, entdecken Wildschweinspuren oder Fraßspuren von Rot- oder Damwild. Der Wald hält immer eine Überraschung bereit.

NAHRUNG AUS DEM WALD

Früher ernährten sich die Menschen vom Wald. Glauben Sie nicht? Sie werden staunen, was man alles essen kann: Von Bast (dem zarten Wollzeug unter der Borke) über Baumrinde (zum Zubereiten von Heiltees), Beeren wie Walderdbeere, Schlehe und Weißdornbeeren bis hin zu frischem Grünzeug aus dem Unterbewuchs im Wald wie Scharbockskraut im Frühling, Knoblauchsrauke im Frühsommer und essbaren Pilzen im Herbst hat der Wald so einiges zu bieten.

Löwenzahnwurzeln, über kleiner Flamme geröstet, enthalten viele Nährstoffe und schmecken gar nicht so schlecht. Eichelmehl eignet sich zum Brotbacken, Bucheckern schmecken geröstet über dem Salat und Nüsse haben einen bombigen Nährwert. Brombeeren schütten die Hecken am Waldsaum in manchen Spätsommern geradezu freigiebig vor Ihnen aus und auch manch unbekannte wilde Frucht wie beispielsweise die Kirschpflaume schmeckt einfach toll.

Holunder- und Lindenblüten wachsen zum kostenlosen Mitnehmen im Frühsommer und verströmen ihren Duft. Und wie wäre es mit

Knoblauchsrauke

Walderdbeere

einer Pilzführung im Herbst? Begleitet von einem erfahrenen Pilzkenner oder einer erfahrenen Pilzkennerin könnten Sie mit den Kindern so manche Köstlichkeit mit in die Kita nehmen.

DIE ÖKOLOGISCHE BEDEUTUNG DES WALDES

Die Wälder sind die grünen Lungen Europas. Hier sorgen Grünpflanzen mit ihrem Chlorophyll durch Fotosynthese für den Sauerstoff in der Atemluft, den wir Menschen benötigen. Dabei wandeln sie Kohlendioxid um. Ohne Wälder würde es den Menschen schlecht(er) gehen. Eine Vielzahl von Tieren bevölkert den Wald. Und viele Tierarten finden hier ihr letztes geschütztes Fleckchen Wohnwelt, das ihnen von zunehmender Industrialisierung und extensiver Landwirtschaft geraubt wurde. Luchse bzw. Wildkatzen und Wölfe werden inzwischen in manchen Teilen Europas (Luchse auch in Deutschland) ausgewildert. Viele Umweltprojekte unterstützen den Wald in seiner Regenerationsfähigkeit. Und die ist nicht

© stanley45/GettyImages

Hecken und Gebüsche am Waldrand: Lebensraum für eine Vielzahl von Tieren

zu unterschätzen. Auf einem brachliegenden Stück Land finden sich zunächst Gräser und Wiesenpflanzen ein, mit der Zeit wuchern aber höhere Gewächse; das Stückchen Land verwandelt sich in einen sogenannten Hochstaudenflur. Verstreicht weitere Zeit, finden sich die ersten Sträucher und Büsche ein – und schließlich Bäume. Der Wald erobert sich Stück für Stück das Land zurück – wenn man ihn lässt.

Gerade der Waldsaum, bestehend aus Hecken und Büschen wie Brombeerpflanzen, Schwarz- und Weißdorn, Hundsrosen und niedrigen Bäumen, bietet einer Vielzahl von Tierarten Lebensraum. Früher nutzten die Menschen solche Waldsaumgürtel mit all ihren dornigen und stachligen Gewächsen als natürliche Schutzmauer für Dörfer, Wälle, Felder und Gärten, weil sie neben dem Wind auch größere Raubtiere und Feinde abhielten.

Auch Sie als Erzieher:in können zur Nachhaltigkeit und zum Schutz der Wälder beitragen, indem Sie mit den Kindern darauf achten, „Ihrem“ Wald mit Respekt und Rücksichtnahme zu begegnen, keine Zweige und Blätter abzureißen, Ihren Müll einzusammeln und mit nach Hause zu nehmen und sich still zu verhalten, um keine Tiere zu stören. Das Wissen über den Wald und seine Bewohner ist darum für die nachfolgenden Generationen wichtig.

RIESENSPIELPLATZ UND FITNESSCENTER

So schnell laufen wie man nur kann. Einfach mal ganz laut lachen und schreien. In den Himmel gucken. Dem Blätterrauschen lauschen. Tiere beobachten. Pflanzen berühren. All das können Sie und die Kinder nur im Wald. Bäume umarmen, richtig gut Verstecken spielen, weiches Moos streicheln, in Pfützen springen, nicht in Pfützen springen und stattdessen Waldmolche oder Kaulquappen darin finden und beobachten, einen Eichelhäher schreien hören, Waldhimbeeren probieren, einem Mistkäfer das Leben retten. Der Wald bietet Spielanlässe in Hülle und Fülle – auch ohne pädagogische Anleitung, ausgedachte Bewegungsspiele oder Waldmandalas.

Turnhalle Wald: Nirgendwo kann man besser balancieren

Der Wald macht auch gesund. Neben Sauerstoff und Bewegung bietet der Wald noch etwas sehr Wertvolles: einen Boden, der gleichzeitig weich, uneben und sehr unterschiedlich ist. Das Gehen oder Laufen auf diesem Boden trainiert nicht nur Sehnen, Faszien und Muskeln, sondern schult auch den Gleichgewichtssinn und die Aufmerksamkeit auf besondere Weise, denn das Bewegen auf Waldboden schont die Gelenke.

Sich einfach nach Lust und Laune bewegen zu dürfen, zu springen, zu rennen, zu tanzen oder beim Spazieren zu trödeln: Für Kinder sind diese Erfahrungen in unserer Zeit rar geworden. Der Wald holt aus Ihnen und den Kindern wieder heraus, was sonst nicht zugelassen, was verschüttet oder vernachlässigt ist: die Freude an der Bewegung.

Wie auch immer die Kinder in Ihrer Gruppe ihr eigenes Wald-Projekt gestalten: Wir wünschen Ihnen viel Freude und interessante Erlebnisse mit diesem Buch!

Ihr Lieblingsprojekte-Team

PROJEKTIDEEN ZUM THEMA „WALD“ MIT UNTERSCHIEDLICHEN ANSATZPUNKTEN

Der Wald und seine Tiere

Nichts begeistert die Kinder so sehr wie echte Tiere. In einer Welt der Tierhaarallergie, Hygienereiniger und Sicherheitsbestimmungen ist der Kontakt mit Tieren selten geworden. Er unterliegt zudem strengen Regeln und Richtlinien. Im Wald ist das ganz anders. Fast in jeder Pfütze können Sie mit etwas Glück im Frühsommer Molche ausgraben und streicheln. Einen Buntspecht beim Höhlehacken beobachten, Eulenvögel rufen hören, Igel und Amsel im Laub rascheln sehen, Raupen unter Brennnesselblättern entdecken, ein Marderskelett entdecken. Der Wald bringt die Kinder mit etwas Glück ganz nah an die Tiere heran.

Die Waldohreule: Waldtiere als Projektthema?

Der Wald: ein magisches Reich

Unter dicken Wurzeln verbergen sich ganz sicher Wichtel. Zwerge bewohnen gemeinsam mit Fledermäusen den hohlen Baum am Waldweg und wenn Sie eine Elfe wären, würden Sie sich sicherlich gern auf den duftenden Blüten von Hundsrose oder Weißdorn niederlassen. Es ist im Wald nicht schwer, sich eine Welt voller Magie und Zauberwesen vorzustellen. Nutzen Sie den Wald als Fantasiekulisse und als Eintrittskarte in das Reich der Riesen und Zwerge.

Ein Eingang zu einem Dachsbau – oder doch eher ins Feenreich?

Der Wald als Versuchslabor

Natürlich sehen Sie den Wald nicht (nur) unter naturwissenschaftlichen Gesichtspunkten. Andererseits finden Naturdetektive und Naturdetektivinnen im Wald ihr eigenes kleines Paradies – und zwar egal, zu welcher Jahreszeit. Sie müssen nur einen Stein hochheben oder ins Gewirr einer Hecke gucken, um Naturrätseln auf die Spur zu kommen. Die seltsamen „Pickel“ auf den Buchenblättern kommen beispielsweise von einer Wespenart, die in den „Pickeln“ ihre Larven ablegt. Der sternförmige Pilz ist zwar nicht essbar, aber gar nicht so selten. Und warum der Wald ganz dringend Regen braucht, ist doch auch klar. Falls nicht, schmökern Sie ab Seite 45 und finden Sie es mit den Kindern selbst heraus.

Richtig gesehen: Diesen Pilz gibt es auch in Ihrem Wald, er heißt „Gewimperter Erdstern“

Bewegung und Ruhe im Wald

Kinder sind Bewegungsmenschen. Im Wald lässt es sich herrlich klettern, rutschen, balancieren – über Stock und Stein, Lichtungen, Moos und Gras, Tannenzapfen und durch Pfützen. Der Wald ist der größte und vielfältigste Bewegungsraum für Ihre Kinder. Ideen mit viel Bewegung im Wald finden Sie auf den Seiten 59 bis 68.

KREATIVATELIER

WANDER- UND ZAUBERACCESSOIRE FÜR WALDAUSFLÜGE

Mein Waldhüterstab

Welche Aufgaben hat eigentlich ein:e Waldhüter:in? Keine Angst, wir entführen Sie nicht in den Fangornwald und damit ins Reich vom „Herrn der Ringe". Ein bisschen Magie darf aber trotzdem sein: Ein selbst geschaffener Waldhüterstab macht nicht nur Gandalf, sondern auch Ihre Kinder glücklich, vor allem wenn er so schön aussieht wie unsere Waldhüterstäbe. Ein Wanderstock für Spaziergänge, ein Spielzeug für unterschiedliche Rollenspiele – machen Sie auch selbst mit!

VON THERESA STENNER

© Halfpoint Images/Gettyimages

ALTER

Ab 3 Jahren

MATERIAL

- Verschiedenfarbige Wollfäden
- Bunte Perlen
- Kleine Glöckchen
- Wasserfeste Farbe
- Pinsel
- Handbohrer und Holzunterlage
- Stumpfe Nadeln
- Garn
- Scheren
- Flüssiger Klebstoff
- Decke zum Sitzen (optional)

Bereiten Sie alle benötigten Materialien auf einem Tisch im Gruppenraum vor oder packen Sie diese ein, falls Sie das Angebot im Wald durchführen möchten.

STABSUCHE

Schicken Sie die Kinder im Wald los, damit sie sich im Unterholz einen abgebrochenen Ast oder Zweig suchen. Es kann ein langer, gerader Stock sein oder aber auch ein Ast mit vielen Zweigen an einem Ende. Letzterer eignet sich besonders gut, um später verschiedene Gegenstände in den Zweigen zu befestigen.

Anschließend sammeln Sie gemeinsam verschiedene kleine Naturmaterialien wie Eichelschalen, Federn, Rindenstücke, Kastanien, kleine Zapfen, unbewohnte Schneckenhäuser oder besondere Wurzeln.

MEIN WALDHÜTERSTAB

Für die Gestaltung der Stöcke bietet es sich an, sich mit der Gruppe auf eine mitgebrachte Decke oder eine Bank zu setzen. Genauso gut können Sie die Fundstücke aber auch mitnehmen und damit in der Kita weiterarbeiten. Bei der Verzierung des Stabes sind die Kinder ganz frei und dürfen sich von den verschiedenen Materialien inspirieren lassen.

Die verschiedenfarbigen Wollfäden werden um den Stock gewickelt und an den Enden festgeknotet oder festgeklebt. Mithilfe des Handbohrers machen die Kinder kleine Löcher in die Naturmaterialien, fädeln ein Stück Garn hindurch und binden die Waldschätze an ihren Stock. Beim Bohren legen die Kinder am besten immer ein Stück Holz oder eine Prickenunterlage unter und gehen nur unter Aufsicht ans Werk. Eicheln, Kastanien und Schneckenhäuser können die Kinder auch mit wasserfester Farbe bunt bemalen, bevor sie sie an die Wanderstäbe binden. Perlen, Glöckchen und farbige Bänder eignen sich wunderbar zur Verzierung und verwandeln einen gewöhnlichen Zweig in einen magischen Gegenstand.

© tpicka/GettyImages

Am Ende versammeln sich alle im Kreis und jedes Kind stellt seinen Waldhüterstab im Kreis vor. Nun sind die Kinder die „Hüter:innen des Waldes". Welche Aufgaben könnten Waldhüter:innen haben? Wie könnte man den Wald schützen? Welche Abenteuer könnten Waldhüter:innen erleben? Machen Sie ein Spiel daraus, bei dem die Kinder mit ihrem Stab durch den Wald laufen und alles ganz genau beobachten. Anschließend berichtet jedes Kind, was es gesehen und entdeckt hat.

Noch mehr Ideen

WALDHÜTER-VERANTWORTUNG: Echte Waldhüter:innen achten auch darauf, dass kein Müll im Wald liegt, und versorgen die Tiere im Winter mit zusätzlichem Futter. Wie wäre es in Absprache mit den zuständigen Behörden beispielsweise mit einem Müllsammel-Nachmittag? Oder mit einer Waldhüterstab-Ausstellung?

DIE BÄUME ACHTEN: Achten Sie darauf, dass die Kinder keine gesunden Zweige abknicken, sondern ausschließlich Material vom Boden (abgeworfene Zweige und Äste) für ihre Stäbe verwenden. Dieses Holz hat den Vorteil, dass es (je nach Wetter) trocken ist. Von Rinde befreite Stücke lassen sich möglicherweise besser verzieren. Gehen Sie zur Stabsuche beispielsweise nach einem Sturm in den Wald. Dann liegen besonders viele potenzielle Waldhüterstäbe auf dem Boden herum und warten nur aufs Aufgesammeltwerden.

© Jordan Siemens/GettyImages

NATURKUNST MIT MEHLKLEISTER IM WALD

Geheimnisvolle Waldgesichter

Kobolde, Zwerge, Elfen und Trolle: Der Wald ist ihr Zuhause. Erwachsene können sie oftmals nicht sehen. Angeregt durch die unzähligen Schätze des Waldes gestalten die Kinder diese Wesen aber ganz einfach nach. Mithilfe von selbst gemachtem Mehlkleister entsteht ganz schnell ein eigenes Waldgesicht für jedes Wesen. Und dann bekommen auch Erwachsene den Waldtroll Butti oder die Blätterfee Sasou einmal zu Gesicht. Dabei erfahren die Kinder den Lebensraum Wald selbsttätig und aktiv mit allen Sinnen.

VON THERESA STENNER

© npage/Thinkstock

Bereiten Sie am besten am Tag vorher den Mehlkleister zu. Hierbei können Ihnen ein bis zwei Kinder helfen. Wiegen Sie zunächst das Mehl ab. Geben Sie dann das Wasser in den Topf und erhitzen Sie es auf der Herdplatte. Sobald das Wasser lauwarm ist, geben Sie unter ständigem Rühren mit dem Schneebesen das Mehl dazu. Erhitzen Sie das Ganze weiter bis kurz vor dem Kochen. Der Punkt ist erreicht, sobald das Gemisch am Boden leicht klumpig wird. Nehmen Sie den Topf von der Herdplatte und rühren Sie so lange weiter, bis es eine gleichmäßige kleisterähnliche Konsistenz hat. Füllen Sie den heißen Kleber in die vorbereiteten Schraubgläser und lassen ihn dann abkühlen. Im Kühlschrank hält sich der Kleister etwa 14 Tage.

→

ALTER

Ab 3 Jahren

MATERIAL

- 1 l Wasser
- 300 g Mehl
- Kleinere Schraubgläser
- Tücher (zum Händewaschen)
- Fotokamera (zum Dokumentieren)

GEISTERORTE SUCHEN

Jedes Kind (oder auch jedes Kinderpaar oder Kinderteam) sucht sich in der nahen Umgebung einen geeigneten Ort für sein Blattgesicht: Das kann ein Baum sein, ein großer flacher Stein, der Stamm eines umgestürzten Baumes oder ein Baumstumpf. Die Kinder betrachten und erforschen ihren ausgewählten Ort in Ruhe: Welches Waldwesen könnte hier wohl wohnen und was für ein Gesicht hat es wohl? Womit könnte man das Gesicht gestalten? Was braucht man für Augen, Ohren, Nase und Mund? Womit lassen sich Haare darstellen? Oder Schmuck? Oder hat das Waldwesen womöglich sogar mehr als zwei Augen?

Die Kinder dürfen für ihre Waldwesen verschiedene Waldschätze wie Blätter, Stöckchen, Nadeln, Steine und Ähnliches sammeln. Oft kommen die Ideen auch erst während des Sammelns, angeregt durch die verschiedensten Naturmaterialien. Achten Sie darauf, dass die Kinder keine gesunden Blätter, Nadeln, Zweige, Rindenstücke von Bäumen abreißen, sondern nur einsammeln, was sie am Boden finden.

Dann kann's losgehen: Jedes Kind, Paar oder Team bekommt ein Schraubglas mit Kleister. Der Untergrund (Stein oder Baum) wird großzügig mit dem Mehlkleister bestrichen. Darauf kleben die Kinder ihre gesammelten Naturmaterialien in Form eines Gesichtes. Ob Kastanienaugen mit Wimpern aus Fichtennadeln, knorrige Wurzelnasen, moosweiche Haut oder Haare aus Farn und Blättern - die Kinder dürfen ihrer Fantasie freien Lauf lassen. Die Haut kann beispielsweise auch aus Blättern oder Rinde bestehen oder aus einem Gemisch von Erde und Mehlkleister, auf das dann Augen, Nase und Mund geklebt werden. Wie die Wesen wohl heißen?

GESICHTERSPAZIERGANG

Sind alle fertig, machen Sie gemeinsam einen kleinen Rundgang und besuchen jedes entstandene Waldgesicht. Jedes Kind, Paar oder Team stellt sein Werk kurz vor, nennt den Namen und erzählt etwas über das Wesen. So könnte es etwa heißen: *„Das ist Butti, der Waldtroll. Er heißt so, weil er Augen aus roten Hagebutten hat. Er wohnt in diesem Stein und schaut gerne in den Himmel."* Am Ende verabschiedet sich jedes Kind von seinem Wesen. Nun wird es wieder dem Wandel der Natur überlassen und wahrscheinlich schon bald verschwunden sein. Umso wichtiger ist es, dass Sie vorher noch Fotos von jedem entstandenen Waldgesicht machen, vielleicht auch mit dem Kind daneben.

Noch mehr Ideen

ZURÜCK IN DER KITA: Mit den ausgedruckten Fotos der Waldgesichter können Sie in der Kita kreativ weiterarbeiten: Machen Sie daraus doch ein Waldprojekt-Plakat zur Wandgestaltung! Sehr schön finden es die Kinder auch, die Geschichten ihrer Wesen weiterzuspinnen. Dazu geben Sie jedem Kind ein dickes DIN-A4-Papier, worauf das Foto aufgeklebt wird. Schreiben Sie gemeinsam den Namen des Waldwesens über das Foto. Darunter ist Platz für Zeichnungen, die das Leben und die Geschichte der Wesen illustrieren.

U3-KINDER: Sammeln Sie im Wald Naturmaterialien wie Zapfen, Eicheln, Blätter und Rinde und legen Sie daraus gemeinsam mit den Jüngsten ein lustiges Waldgesicht im Garten, auf der Wiese oder im Gruppenraum.

SPINNENKUNST IM KREIS

Kastanien-Webrahmen

Runde Kunstwerke aus gewebter Wolle? Einfacher, als man denkt! Wie die Spinnen gehen die Kinder ans Werk und stellen statt rechteckiger Decken runde Kunstwerke her. Dabei ist es nicht wichtig, dass alles sorgfältig ausgeführt wird, sondern dass die Kinder eigene Ideen entwickeln und verwirklichen dürfen und die taktilen Erfahrungen mit Kastanie, Wolle und Stoff genießen dürfen.

VON MARION BISCHOFF

© Bonita_cooke/Gettyimages

Eine besonders dicke Kastanie bildet den Mittelpunkt und gleichzeitig den Ankerpunkt des Webrahmens: Jedes Kind sucht sich ein solches Prachtexemplar aus. In diese Kastanie bohren Sie gemeinsam mit dem Kind sechs, besser acht Löcher. Da die Kastanien sehr hart sind, sollten Sie besonders jüngeren Kindern helfen und alle Kinder nur unter genauer Aufsicht bohren lassen. Bohren Sie die Löcher so tief, dass sich die Schaschlikspieße später fest darin verankern lassen und nicht wieder herausrutschen. Durchbohren Sie die Kastanie zusätzlich in der Mitte und führen Sie hier den Wollfaden durch, der auf der gegenüberliegenden Seite mit einem Knoten befestigt wird, sodass der Faden nicht mehr durch das Loch durchrutschen kann. Stecken Sie in die vorgesehenen Löcher zum Schluss je einen Spieß.

ALTER

Ab 3 Jahren

MATERIAL

- Dicke Rosskastanien
- Handbohrer
- Schaschlikspieße
- Grobzinkige Kämme
- Wolle (kleine Wollknäuel)
- Naturmaterialien wie Eicheln und Nüsse (optional)

„WEBMASTER“

Nun beginnt das Kind seine Webarbeit, indem es das Wollknäuel immer abwechselnd über den einen und unter dem anderen Spieß entlangführt. Nachdem einige Webrunden erledigt sind, schieben die Kinder die Webreihen mit einem Kamm oder mit den Fingern vorsichtig in Richtung der Kastanie, die die Mitte bildet. Für eine neue Fadenfarbe verknoten die Kinder das Ende des ersten Fadens mit dem Anfang des zweiten und weben dann wie gewohnt weiter. Nach und nach entsteht eine runde Webdecke. Nun besteht die Möglichkeit, den Faden am Ende zu verknoten und die Spieße aus dem Rahmen zu entfernen. Die Kinder können jedoch auch die Spieße stecken lassen und das gewebte Bild als Wandbild benutzen. Dann sieht es sehr schön aus, wenn auf die Enden der Schaschlikspieße Nüsse, Eicheln oder Kastanien gesteckt werden.
Wer Naturmaterialien in das Webbild einarbeiten möchte, durchbohrt eine Nuss und fädelt sie auf den Webfaden auf. Sie werden schnell merken, dass mit den wenigen Naturmaterialien die Kreativität der Kinder angeregt ist und sie noch andere Ideen zur Gestaltung ihres Webrahmens entwickeln. Geben Sie den Kindern die Möglichkeit, verschiedene Ideen auszuführen oder zumindest auszuprobieren. Die fertigen Exemplare eignen sich für eine Ausstellung zum Thema „Waldkunstwerke“.

© Uliana Zakrevska/GettyImages

© ChamilleWhite / Thinkstock

ZUSATZ-TIPP

FÜR JÜNGERE KINDER ist es besser, die Spieße zu halbieren, damit sie schneller ein Ende ihrer Arbeit sehen und kein Frust aufkommt. Sie können die Schaschlikspieße auch noch während des Webens kürzen. So können die Kinder sich auch kurzfristig entscheiden, die Arbeit vorzeitig zu beenden.

EINE GESTALTUNGSREISE INS REICH DER FARBEN UND FORMEN

Welche Farben hat der Wald?

Schon mal von Tannenwichtelgrün gehört? Oder Nadelblau? Regenweiß? Regen Sie die Kinder dazu an, beim nächsten Waldausflug einmal ganz besonders auf die Farben im Wald zu achten. Und darauf, welche Formen die Bäume haben. Zugegeben, für diese künstlerische Aktion benötigen Sie einiges an Material. Aber dafür ist diese Erfahrung für die Kinder besonders reizvoll und anspruchsvoll: Zurück in der Kita versuchen Sie nämlich gemeinsam, die Grün-, Grau- und Brauntöne des Waldes selbst zu mischen und damit Fichten, Eichen und Buchen zu malen.

VON THERESA STENNER

© Theresa Stenner

ALTER

Ab 3 Jahren

MATERIAL

- Gouache-, Tempera- oder Plakatfarbe in Gelb, Rot, Blau, Schwarz und Weiß
- Dickes Malpapier (DIN A2)
- Plakatbogen (DIN A1)
- Mehrere verschieden breite Spachtel (mindestens einen pro Kind)
- 2 Pappteller pro Kind
- Einige Schälchen
- Mehrere Wasserbecher
- Küchenpapier oder Lappen
- 1 bis 2 dicke Haarpinsel pro Kind
- Weitere verschieden dicke Pinsel
- Kreppklebeband
- Anschauungsmaterial wie Zweige, Blätter und Rinde

Fragen Sie die Kinder einführend, welche Farben es im Wald gibt. Im Gespräch finden Sie gemeinsam heraus, welche Farbtöne dort am häufigsten vorkommen. Regen Sie die Kinder an, diese möglichst genau zu beschreiben. Zur Vereinfachung können Sie gesammelte Waldmaterialien wie Blätter, Rinde und Zweige zeigen.

VORÜBUNG: FARBEN ERFINDEN

Vielleicht wissen einige Kinder schon, wie sie aus den vorhandenen Farben die Grün- und Brauntöne des Waldes mischen können. Lassen Sie sie selbst experimentieren und die Mischverhältnisse allein herausfinden, indem Sie jedem Kind ein Schälchen und einen Klecks

→

der gewünschten Farben geben. Wie viel Gelb und wie viel Blau brauche ich, um ein kräftiges Blattgrün zu mischen? Wie kann ich daraus ein saftiges Maigrün zaubern oder ein dunkleres Tannengrün? Wie kann ich ein aus Schwarz und Rot gemischtes Dunkelbraun in Hellbraun verwandeln? Durch Verrühren, Ausprobieren und den gegenseitigen Austausch werden die Kinder bald zu richtigen Farbexpert:innen. Als Vorlage und Orientierung dienen die Naturmaterialien.

Jedes Kind darf seine selbst gemischten Farben vorstellen und sich einen passenden Namen dafür überlegen. Wie wäre es mit Tannennadelblau, Waldbraun, Buchenstammgrau und Mooswichtelgrün? Die Schälchen mit den gemischten Waldfarben reihen Sie am besten in der Mitte des Tisches auf.

UNSER WALD AUS FORMEN UND FARBEN

Als Nächstes geben Sie jedem Kind ein Malpapier sowie einen Pappteller als Palette und legen mehrere verschieden große Spachtel und Pinsel bereit. Jedes Kind sucht sich einen Spachtel aus und füllt sich Farbe auf den Pappteller. Geben Sie den Kindern nun erst etwas Zeit, um den Umgang mit den Spachteln zu üben und ein Gefühl dafür zu entwickeln. In welchem Winkel muss ich den Spachtel halten, wie fest muss ich drücken? Wie viel Farbe brauche ich? Was kann ich mit dem Spachtel alles machen? Welche Formen malt mein Spachtel? Das Papier ist hierfür das Experimentierfeld. Dort können die Kinder auch ausprobieren, mithilfe eines Spachtels einen Baum zu malen.

MEIN BAUM, MEIN WALD

Auf einem zweiten Papier dürfen die Kinder anschließend ihren eigenen Wald darstellen. Kleben Sie das Blatt am besten auf dem Tisch fest, sodass es nicht rutscht. Zur Anregung oder falls die Kinder ratlos sind, können Sie auch Tipps geben. Einen Nadelbaum malen Sie am einfachsten so: Ein senkrechter brauner Strich mit einem breiten Pinsel, dann den Spachtel in grüne Farbe tauchen, an dem Baumstamm ansetzen und schwungvoll einen Bogen nach außen und unten ziehen. Die Bögen werden von oben nach unten größer und länger, wie bei einem Weihnachtsbaum. Laubbäume haben oft breite Stämme. Diese lassen sich gut mit einem Spachtel ziehen. Um den oberen Teil des Stammes wird ein grüner aus kleinen Bögen bestehender Kreis gepinselt oder gespachtelt.

Bestimmt haben die Kinder noch weitere tolle Ideen. Neben Bäumen und Sträuchern können die Waldkünstler:innen natürlich auch andere Pflanzen, Waldtiere, Pilze, Beeren und Zwerge malen. Alle Bilder auf einer großen Wand ergeben einen ganzen, gemeinsam gestalteten, fantasievollen Wald.

© Theresa Stenner

© Theresa Stenner

Noch mehr Ideen

Alternativ können Sie auch direkt ein **GRUPPENPROJEKT** daraus machen. Zwei bis vier Kinder malen auf ein großes Plakat zusammen einen Wald. Besonders toll ist es auch, im Stehen zu malen, an einer Staffelei oder Malwand. Vielleicht haben Sie ja die Möglichkeit, in der Kita eine Malwand zu installieren. Die einfachste Lösung hierfür ist eine große Sperrholzplatte, die an die Wand geschraubt wird. Dort können Sie dann das Malpapier mit Klebeband befestigen.

AUCH ZWEI- BIS DREIJÄHRIGE KINDER erfreuen sich am Experimentieren mit Farben und Spachtel. Hier bietet es sich an, die Kinder auf den Boden zu setzen und das Malpapier dort mit Kreppband festzukleben. Zusätzlich dazu haben Schwämme einen sehr haptischen Reiz und sind leichter zu handhaben.

SCHNELLE IDEEN FÜRS WALD-ATELIER

Waldkunst

Ein Waldtag mit den Eltern bietet sich an, um diese beiden kunstvollen Ideen in die Tat umzusetzen. Sie brauchen nur, was Sie im Wald finden (und einen Fotoapparat). Schöpferisches Tun in der freien Natur ist eine besondere Erfahrung für alle. Achten Sie darauf, dass Kinder und Eltern keine Pflanzen beschädigen und nicht zu viel Material verwenden.

VON MICHAELA LAMBRECHT

ALTER

Ab 3 Jahren

MATERIAL

- Moosiges Waldstück
- 1 Tragebeutel für jedes Kind (optional)
- Naturmaterialien (wie Stöcke, Steine, Tannenzapfen)
- Fotokamera

LEGEBILD: DER WALD AUF DEM BODEN

Der Boden des Waldes eignet sich hervorragend für Mandalas! Gehen Sie mit den Kindern (und den Eltern) in den Wald und suchen Sie sich ein geeignetes Stück freie Fläche: Das kann eine Wiese auf einer freien Lichtung sein oder auch ein kleines Moosstück zwischen den Bäumen - hauptsache, Sie haben genug Platz zum Legen! Wenn Sie den Ort für das Mandala bestimmt haben, gehen Sie auf Entdeckungstour: Sammeln Sie (auf dem Boden liegende) Stöcke, Steine, oder auch Tannenzapfen. Vielleicht findet jemand ja gar ein leeres Schneckenhaus? Kehren Sie dann zu Ihrem Platz zurück: Sie können mit den gesammelten Naturmaterialien auf dem Boden ein abstraktes Muster legen, oder aber auch bestimmte Objekte, wie beispielsweise eine Sonne oder den Mond - hierfür legen Sie gemeinsam mit den Kindern die Umrisse mit Stöcken und füllen die Form dann mit anderen Naturmaterialien! Vergessen Sie nicht, das Kunstwerk zu fotografieren! →

KOPFSCHMUCK: WALDKRONE

Die Kinder durchstechen das erste Buchenblatt etwa mittig mit einer Kiefernnadel, legen das nächste Blatt seitlich versetzt darauf und durchstechen auch dieses Blatt. Mit einer zweiten Kiefernnadel wird das zweite Blatt mittig durchstochen, ein weiteres daraufgelegt und aufgefädelt. So wird weiter verfahren, bis eine lange Blätterschlange entstanden ist. Unterstützen Sie die Kinder und Eltern, die Schwierigkeiten haben, und erklären Sie, dass sie die Blätter vorsichtig bearbeiten müssen, damit sie nicht reißen oder zerquetscht werden.

Helfen Sie den Kindern, die Krone um den Kopf zu legen, und befestigen Sie nun mit einer Kiefernnadel das erste und letzte Blatt aneinander.

ALTER

Ab 4 Jahren

MATERIAL

- **Kiefernnadeln**
- **Blätter von Rotbuchen oder Hainbuchen (die sind besonders zart und leicht zu bearbeiten, außerdem reißen sie nicht so schnell)**

Statt einer Krone können Sie die Blätter auch einfach als Mobile gestalten.

WALDREGELN

Für einen Waldbesuch sind Regeln notwendig, denn hier geht es nicht nur darum, den Wald zu schützen, sondern auch um Ihre Aufsichtspflicht. Sichern Sie sich ab, indem Sie mit den Kindern die Regeln immer wieder genau besprechen. Fragen Sie die Kinder auch selbst, warum diese Waldregeln wichtig sind. Die Kinder können weitere Regeln aufstellen – je nach Gruppenkonstellation und -größe, Alter der Kinder und Waldstück.

- **Niemand isst etwas, was im Wald wächst.**
- **Es werden keine Tiere und Pflanzen zertreten.**
- **Es werden keine Teile (Zweige, Blätter, Äste) von Bäumen abgerissen.**
- **Tiere, Pflanzen und Pilze werden nur in Absprache mit den Erzieher:innen berührt.**
- **Niemand entfernt sich von der Gruppe.**

BEWEGUNGSRAUM

NADELBAUMWOHLTATEN FÜR MEHR ENTSPANNUNG

Zapfenmassage

Das wussten Sie bestimmt: Mit Tannenzapfen kann man gar nicht massieren. Die Zapfen von Weißtanne und anderen Tannenarten fallen nämlich gar nicht als Ganzes ab, sondern sie bleiben auf dem Baum. Nur einzelne Blättchen lösen sich aus dem Zapfengebilde. Informieren Sie sich im Kasten über Zapfen, mit denen eine Massage wirklich möglich ist, und sammeln Sie Ihr Wohlfühlmaterial an einem trockenen Tag direkt vom Waldboden selbst ein. Eine Zapfenmassage stimuliert den Tastsinn, macht wach und entspannt gleichzeitig. So fühlt sich der Wald an.

VON MICHAELA LAMBRECHT

Mit Zapfen lässt es sich herrlich massieren und entspannen

Legen Sie die Matten und Decken bereit und verdunkeln Sie den Raum etwas. Schalten Sie die Entspannungsmusik ein und stellen Sie eine Schüssel mit Tannenzapfen in die Mitte. Zu Beginn dürfen die Kinder die Zapfen befühlen. Wie fühlen sie sich an? Sind sie hart, weich, stachelig, spitz, rau …?

Die Kinder dürfen die Arme mit einem Tannenzapfen massieren. Wie fühlt sich das an? Jedes Kind darf sich nach Belieben mit dem Tannenzapfen berühren oder massieren. Wo ist es angenehm, wo eher unangenehm? Kitzelt es? Oder kratzt es eher? Die Kinder können sich frei über ihre Eindrücke austauschen.

➔

ALTER

Ab 3 Jahren

MATERIAL

- **1 Tannenzapfen für jedes Kind**
- **1 Matte und 1 Decke für jedes Kind**
- **Klangschale mit Klöppel (optional)**
- **Entspannungsmusik**
- **1 Schale mit mehreren Nadelbaumzapfen**

Für eine Partnermassage finden sich die Kinder zu Paaren zusammen. Ein Kind legt sich mit dem Rücken auf eine Matte, das andere Kind massiert, im Anschluss wird gewechselt. Den Beginn der Massage können Sie mit der Klangschale anzeigen.

Sie können den Kindern auch Impulse für eine Massage liefern. Gerade mit Zapfen lässt es sich schön massieren. Die Kinder können selbst herausfinden, was alles möglich ist, beispielsweise den Zapfen über den Körper rollen, mit dem Zapfen leicht klopfen oder den Zapfen ganz sanft über den Körper ziehen.

So könnten die Kinder bei der Massage vorgehen:
Zuerst mit dem Tannenzapfen den linken Arm mit Streichbewegungen auf- und abfahren, dann mit kleinen Kreisbewegungen. Das Gleiche auf dem rechten Arm. Jetzt wird das linke Bein zuerst mit Streichbewegungen auf- und abgefahren, dann mit kleinen Kreisbewegungen. Auch das rechte Bein wird so massiert. Der Rücken wird zuerst mit großen Kreisbewegungen massiert. Dann wird der Tannenzapfen mit leichten Klopfbewegungen auf den Rücken gedrückt.

Zum Abschluss einer Runde und um anzuzeigen, dass die Partner:innen nun wechseln, spielen Sie wieder die Klangschale an. Wenn Sie die Tannenzapfenmassage beenden möchten, können Sie die Klangschale erneut einige Male anschlagen und die Zapfen in der Schale sammeln.

MASSAGEREGELN

Massagen fordern von den Kindern großes Einfühlungsvermögen und die Fähigkeit, eigene Grenzen zu sehen und zu vertreten: Jedes Kind darf und soll selbstverständlich Stopp sagen, wenn es eine Berührung als unangenehm empfindet. Möglicherweise möchten manche Kinder auch gar nicht bei einer Massage mitmachen. Das respektieren die anderen Teilnehmenden natürlich. Für diese Kinder finden sich sicher andere Aufgaben, beispielsweise die Zapfen verteilen, die Klangschale schlagen ... Besprechen Sie im Vorfeld mit den Kindern die Regeln für eine Massage.

ZAPFEN ZUR AUSWAHL

FICHTE

Dieser Riesenbaum bietet Ihnen lange, helle, herabhängende Zapfen. Die eher weichen Zapfen werden gern von Eichhörnchen und Vögeln ausgesucht, um die kleinen Samen herauszufuttern.

DOUGLASIE

Besonders schöne Zapfen mit kleinen Zähnchen kommen von der Douglastanne, die ursprünglich in Nordamerika beheimatet war und sich bei uns inzwischen in Parks, auf Friedhöfen und in Gärten finden lässt. Auch diese Zapfen sind eher weich.

KIEFER

Kugelig hocken die Kiefernzapfen auf den Zweigen, bis sie Ihnen geschlossen oder an trockenen Tage auch geöffnet vor die Füße fallen. Die eher festen, knolligen Zapfen eignen sich vor allem gut zum Basteln.

EINE FANTASIEREISE ZUM MITMACHEN

„Ich bin ein großer, starker Baum!"

Wie fühlt man sich eigentlich so als Baum? Bei dieser Fantasiereise erfahren Sie es: Denn die Kinder werden selbst aktiv und spielen nach, was die Bäume so alles erleben. Dabei erfahren die Kinder Stärke und das Gefühl des Verwurzeltseins. Eine kleine Kraftreise also, bei der die Waldbäume helfen dürfen.

VON THERESA STENNER

Starke Wurzeln: etwas, was auch Kinder im Leben brauchen

Bitten Sie die Kinder, sich aufrecht und mit geschlossenen Beinen hinzustellen. Die Arme hängen locker an der Seite. Ist jedes Kind so weit, sollte langsam Ruhe einkehren. Schalten Sie die Musik ein, aber nur so leise, dass sie gerade noch zu hören ist. Mit ruhiger und geheimnisvoller Stimme beginnen Sie zu erzählen:

→

ALTER

Ab 4 Jahren

MATERIAL

- Naturgeräusche/Waldgeräusche oder passende Begleitmusik, etwa klassische Klaviermusik oder Entspannungsmusik für Kinder

Schließt eure Augen und beobachtet euren Atem, wie er euren Körper sanft bewegt. Spürt, wie die Luft durch eure Nasenlöcher ein- und wieder ausströmt. Ihr seid nun ganz ruhig.

Stellt euch vor, ihr wärt ein großer, starker Baum. Mit euren Füßen steht ihr fest auf dem Boden. Aus euren Fußsohlen wachsen Wurzeln. Sie bohren und schlängeln sich und krallen sich tief im Erdreich fest. Nun seid ihr verbunden mit dem Erdboden und nichts kann euch umwerfen, so fest halten euch eure starken Wurzeln.

Eure Beine, euer Oberkörper und euer Rücken bilden den Stamm des Baumes, der kräftig und stark ist. Er hält euch aufrecht. Durch ihn wachst ihr und werdet immer größer und höher.

Nun breitet eure Arme aus, denn sie sind eure Äste. Mit ihnen streckt ihr euch dem Himmel entgegen. Eure Finger sind die kleinen Zweige des Baumes. Sie winken der Sonne und greifen nachts nach den Sternen. Aus ihnen wachsen viele kleine Blätter und Früchte.

Bleibt so und spürt, wie es sich anfühlt, ein großer, starker Baum zu sein, der beinahe den Himmel berührt.
(Beobachten Sie die Kinder, beobachten Sie ihre Haltung. Jetzt können Sie die Musik etwas lauter stellen.)

Wind kommt auf, er bläst durch eure Zweige, spielt mit den Blättern. Der Wind wird stärker und jetzt bewegen sich auch eure Äste gleichmäßig durch die Luft. Ganz leicht schaukelt auch euer Baumstamm: hin und her bewegt er sich. Eure Wurzeln halten euch fest auf der Erde und so bleibt ihr immer an Ort und Stelle.

Ihr freut euch über den weichen Wind. Lasst euch von ihm bewegen und tanzt mit eurem Oberkörper, euren Armen und Händen durch die Luft.
(Drehen Sie die Musik noch ein wenig lauter und lassen Sie die Baumkinder ihren Windtanz vollführen.)

Allmählich lässt der Wind nach. Eure Bewegungen werden langsamer und kleiner, bis ihr wieder als stiller Baum dasteht. Gemeinsam seid ihr nun ein großer, geheimnisvoller Wald.
(Bei diesen Worten machen Sie die Musik allmählich wieder leiser.)

Spürt noch einmal, wie fest ihr mit dem Boden verbunden seid, wie aufrecht ihr dasteht und wie sich eure Arme freudig dem Himmel entgegenstrecken.

Nun senkt langsam eure Arme. Atmet tief ein und aus und spürt, wie ihr euch wieder in euch selbst zurückverwandelt. Die Wurzeln an euren Füßen verschwinden. Hebt eure Füße, lockert eure Beine und schüttelt euren ganzen Körper. Jetzt seid ihr wieder Kinder und keine Bäume mehr. Ihr könnt die Augen wieder öffnen.

© Jose Luis Pelaez Inc/GettyImages

KRAFT FÜR UNRUHIGERE KINDER

Es gibt Kinder, die sich aus verschiedensten Gründen nicht auf die Kraftreise einlassen können. Dies kann sehr von der Tagesform abhängig sein. Meistens ist gerade für diese Kinder eine Fantasiereise oder eine anderweitige Entspannungsübung besonders hilfreich und fördernd. Dabei kommt es oft nur auf die passenden Rahmenbedingungen an. Manche Kinder brauchen einfach ein wenig Zeit. Also lassen Sie es zunächst einfach zu, dass manche Kinder unruhiger sind, und versuchen Sie beobachtend herauszufinden, woran es liegen könnte. Manchmal hilft es, wenn sich diese Kinder mehr an den Rand oder näher an die Wand stellen. Dort sind sie nicht so abgelenkt und erfahren mehr räumlichen Halt.

EINE FANTASIEREISE MIT WALDGEFÜHLEN

Ein Spaziergang im Wald

Manchmal ist das Wetter einfach zu schlecht, um raus in den Wald zu gehen: Dann besuchen Sie Ihren Lieblingswald mit den Kindern doch einfach in der Fantasie. Das Gute daran: Sie brauchen keine Regenjacke und die Waldabenteuer bestimmen nur die Fantasie. Alles ist möglich bei einem solchen Waldspaziergang. Schicken Sie Ihre Fantasie auf die Reise und nutzen Sie unsere „Blanko-Fantasiereise“ als Ausgangspunkt für Fantasieabenteuer, die sich die Kinder ausdenken.

VON MICHAELA LAMBRECHT

Komm, wir gehen in den Wald!

Während die Kinder sich auf die Matten verteilen, schalten Sie die Entspannungsmusik an. Sobald alle Kinder bequem liegen, beginnen Sie: Wer möchte, darf seine Augen schließen. Die Klangschale wird geläutet und die Entspannungsgeschichte beginnt.

EIN SPAZIERGANG IM WALD

Heute wollen wir gemeinsam einen Waldspaziergang machen. Wir suchen uns einen Wald ganz in unserer Nähe aus. Ein kleiner, schmaler Feldweg führt uns zum Wald. Der Weg im Wald ist sehr schmal und eng. Wir müssen immer wieder über Wurzeln steigen und aufpassen, dass wir nicht stolpern.

Wir spielen Verstecken hinter den dicken und großen Bäumen und haben Spaß dabei, uns gegenseitig zu suchen.

→

ALTER

Ab 3 Jahren

MATERIAL

- für jedes Kind 1 kleine Matte und 1 Decke
- Entspannungsmusik
- Klangschale

Wir hüpfen über Laubhaufen und balancieren über einen Baumstamm, der mitten auf dem Weg liegt.

Eine Weile beobachten wir auch das Treiben auf dem Ameisenhügel.

Wir sehen einem Specht zu, der in einem Baum seine Höhle klopft. Bald wird die Spechtmama Eier in die Höhle legen und die kleinen Spechtkinder schlüpfen.

Ein Waldspaziergang ist wunderschön, aber auch anstrengend. Müde machen wir uns auf den Nachhauseweg. Zufrieden kommen wir wieder im Kindergarten an.

(Als Signal, dass die Fantasiereise zu Ende ist, schlagen Sie wieder leicht die Klangschale an.)

© Fredrik Findahl / 500px/GettyImages

SO GELINGEN FANTASIE- UND RUHEREISEN

4 Tipps fürs entspannte Kopfreisen

Auf Knopfdruck hinlegen, zur Ruhe kommen und auf Fantasiereise gehen: Das funktioniert nicht immer. Damit Traumreisen mit Ihren Kindern gelingen, können Sie die folgenden vier Punkte berücksichtigen – und selbst mit in die Ruhe kommen.

VON TINA SCHERER

SPIELERISCH IN DIE RUHE VOR DER RUHE

Damit die Kinder sich auf die Fantasie- oder Ruhereise einlassen können, bietet sich ein kleines Spiel oder Ritual an. Beispielsweise können die Kinder durch einen Turnreifen steigen und so etwa ins Elfen- oder Märchenreich gelangen. Auch möglich: Mit einem Spiel holen Sie die Kinder auf die ausgelegten Matten. Sie können beispielsweise den Namen jedes Kindes aufrufen und dabei die Klangschale anschlagen. Jedes so aufgerufene Kind sucht sich eine Matte aus und macht es sich gemütlich, bis schließlich alle Kinder auf ihren Matten oder Matratzen liegen.

NICHT JEDE:R SCHAFFT ES IN DIE RUHE

Lebhaften Kindern gelingt der Übergang von der Aktivität in die Ruhe – wie vielen Erwachsenen – manchmal nicht so schnell. Lassen Sie den Kindern Zeit, seien Sie geduldig. Übergeben Sie einem Kind beispielsweise die Aufgabe, auf Ihr Zeichen hin die Klangschale anzuschlagen und behalten Sie es in Ihrer Nähe.

DIE STIMME EINSETZEN

Ihre Stimme kann viel mehr als Sie denken. Um eine zauberisch-geheimnisvolle Atmosphäre oder Ruhe zu vermitteln, können Sie flüstern und wispern. Geben Sie den Kindern eine Begründung, beispielsweise: Die Wichtel, die wir heute besuchen werden, fürchten sich vor lauten Stimmen.

ANFANG UND ENDE MARKIEREN

Es muss kein Zauberspruch sein, auch mithilfe einer Klangschale oder mit einem Gong können Sie die Kinder auf die Reise in die Ruhe schicken. Die Kinder können dem Verhallen des Tons nachlauschen. Durch die Konzentration und die Fokussierung auf einen einzigen akustischen Reiz bereiten sich die Kinder aufs Zuhören und Lauschen vor.

EINE ZAUBERWALD-BEWEGUNGSGESCHICHTE

Bei den Elfen und Zwergen

Der Wald ist voller Magie! Elfen, Zwerge und noch viele andere zauberhafte Wesen nennen den Wald ihr Zuhause – doch sehen können wir sie nicht. Oder? Bei dieser Bewegungsgeschichte erhalten die Kinder eine Einladung aus dem Zauberwald!

VON MICHAELA LAMBRECHT

© PIKSEL/Getty Images

Ihre Kinder wären auch gern einmal bei den Elfen und Zwergen zum Tanz eingeladen? Bei einem Spaziergang im Wald halten Sie gemeinsam Ausschau nach Eingängen in die Welt der fantastischen Waldbewohner und untersuchen hohle Bäume, Löcher unter Baumwurzeln und was sich noch alles als Geheimtür ins Elfenreich eignet. In der Turnhalle lässt sich eine Bewegungsreise ins Reich der Elfen und Zwerge ganz einfach nachspielen. Sie benötigen nur einige Kletter- und Kriechgeräte und … eine Einladung aus dem Zauberwald.

→

ALTER

Ab 3 Jahren

MATERIAL

- Flasche mit Einladungsbrief
- Sprossenwand
- Kriechtunnel
- Matte
- Kinderlieder

VORBEREITUNG

Einen Einladungsbrief gestalten Sie ganz einfach, indem Sie ein Malblatt mit bunten Elfen- und Zwergenzeichen verzieren und etwa folgenden Text aufmalen oder aufschreiben:

> **LIEBE KINDER,**
>
> wir möchten euch gern ganz herzlich zum Elfen- und Zwergentanz in unser Reich einladen. Habt ihr Lust? Wir würden uns freuen!
>
> **Ganz herzliche Grüße**
> **eure Waldelfen und Waldzwerge**

© tinadefortunata/Fotolia

Den Brief können Sie zusammengerollt in einer PET-Flasche verstauen. Dann kann's losgehen: Bauen Sie den Bewegungsparcours auf! Legen Sie hierfür eine weiche Matte als Ruderboot vor der Sprossenwand aus. Daran schließen Sie dann einen Kriechtunnel an. Bevor Sie mit dem Bewegungsparcours starten, verstecken Sie die Flaschenpost, die die Kinder suchen und finden müssen.

Stellt euch vor, wir haben mit der Flaschenpost eine Einladung von den Elfen und Zwergen in den Zauberwald bekommen. Habt ihr Lust, mitzukommen und sie zu besuchen?
(Zeigen Sie die Einladung.)

Wir müssen zuerst ganz lange über das Meer mit einem Boot rudern.
(Die Kinder setzen sich mit gegrätschten Beinen hintereinander auf die Matte und machen mit den Händen gleichzeitig Ruderbewegungen.)

Endlich sind wir auf der Zwergen-und-Elfen-Insel angekommen. Wir müssen über einen hohen Berg klettern und auf der anderen Seite wieder herunter.
(Die Kinder dürfen die Sprossenwand hinaufklettern und wieder herunterklettern.)

Jetzt geht es durch einen unterirdischen Gang.
(Alle dürfen nacheinander durch einen Kriechtunnel kriechen.)

Endlich sind wir angekommen! Dort ist der Zauberwald! Die Elfen und Zwerge freuen sich, uns zu sehen. Gemeinsam tanzen wir einen lustigen Zwergen- und Elfentanz.
(Die Kinder überlegen sich gemeinsam einen Elfen- und Zwergentanz.)

Schade, die Zeit ist so schnell vergangen! Jetzt müssen wir schon wieder nach Hause.
(Die Kinder dürfen die gleichen Stationen wieder in der umgekehrten Reihenfolge absolvieren.)

KLANGWERKSTATT

EINE KLANG- UND BEWEGUNGSGESCHICHTE

Im Wald raschelt, zwitschert und flüstert es

Spechte klopfen, Eichhörnchen flitzen und eine Käferfamilie macht einen Ausflug. Mit dieser kleinen Bewegungs- und Klanggeschichte erleben die Kinder den Wald und seine Geräusche nach. Erfinden Sie weitere Klang- und Bewegungsmöglichkeiten dazu. Vielleicht haben Sie selbst gerade ein interessantes Tier im Wald gesehen? Dann kann es Sie auch bei Ihrer Klanggeschichte begleiten.

VON MICHAELA LAMBRECHT

Diese Klanggeschichte führen Sie mit den Kindern im Stehen und im Gehen aus. Die Kinder dürfen sich mit ihren Instrumenten in einem lockeren Stehkreis aufstellen. Dann kann's losgehen. Bevor Sie allerdings starten, lesen Sie den Kindern die Geschichte vor. Die Kinder dürfen die vorhandenen Instrumente (unsere Klangvorschläge sind nur Impulse) selbst den Tieren zuordnen und sich aussuchen, wer welches Instrument spielen wird. Auch möglich: Sie spielen den Kindern die Geschichte ein- oder zweimal mit allen Instrumenten vor. Weil der Specht so oft in unseren Klangvorschlägen auftaucht, finden Sie ein Kurzwissen zum „Zimmermann des Waldes“ im Kasten.

→

ALTER

Ab 3 Jahren

MATERIAL

- Holzblocktrommel
- Xylofon
- Guiro
- Klangstäbe
- Glockenspiel

WIR HÖREN DEN WALDTIEREN ZU

Hurra, wir machen einen Waldspaziergang!
(Alle Kinder dürfen mit beiden Beinen im Wechsel stampfen und dazu jubeln und laut „Hurra!" rufen.)

Im Wald gibt es viel zu sehen und zu hören. Seid mal leise und hört in den Wald hinein.
(Die Kinder machen „Pssst!" und legen eine Hand an ihr Ohr.)

Was klopft denn da? Ah, es ist ein Specht. Er klopft auf einen Baum.
(Die Holzblocktrommel schlagen.)

Auf dem Ameisenhügel herrscht geschäftiges Treiben. Da geht es richtig rund!
(Das Xylofon hinauf- und herunterfahren.)

Schwupps! Ein Eichhörnchen flitzt einen Baum hinauf.
(Auf dem Guiro streichen.)

Familie Käfer macht einen Spaziergang auf dem Waldweg.
(Die Klangstäbe schlagen.)

Psst, ein kleines Reh! Schade, es hat uns entdeckt und läuft schnell davon.
(Auf dem Glockenspiel mit dem Schlegel hinauf- und herunterfahren.)

Jetzt ist es schon wieder Zeit für den Nachhauseweg. Kommt, wir gehen zurück in die Kita.
(Erneut mit beiden Beinen im Wechsel stampfen und „Tschüss!" rufen.)

DER SPECHT – DER ZIMMERMANN DES WALDES

In unseren mitteleuropäischen Wäldern (und auch in waldnahen Gärten und Parks) treffen Sie mit den Kindern den Buntspecht als häufigste Spechtart an. Der Vogel wird Ihnen schnell auffallen, denn sein Federkleid hat eine besonders schöne Färbung von Rot, Schwarz und Weiß.

Angefangene Spechthöhlen in einem abgestorbenen Baumstamm

Mit seinem spitzen Schnabel hackt der Buntspecht Nisthöhlen in Baumstämme, in die das Weibchen später die Eier legt. Der Schnabel hat noch eine weitere Besonderheit: Mit kräftigen Schnabelhieben kann der Buntspecht Insekten unter der Baumrinde herausfischen. Im Winter frisst der große Vogel auch Sämereien und Nüsse.

Anders als Raben, die Nüsse durch Herunterwerfen auf Straßen öffnen, klemmt der Buntspecht Nüsse oder Zapfen in Ritzen, beispielsweise von Baumstümpfen oder Mauern, und hämmert sie mit seinem Schnabel auf oder bohrt darin. **SPECHTSCHMIEDEN** nennt der Förster solche Stellen, an denen der Specht sich über Zapfen hermacht. Fichtenzapfen, die von Spechten aufgebohrt wurden, sehen ganz anders aus als die von Eichhörnchen zerfledderten. Vielleicht haben Sie Glück und finden mit den Kindern eine solche Spechtschmiede im Wald?

Hm, lecker: Mama oder Papa füttert die kleinen Spechte, bis sie die Nisthöhle verlassen können

EINE MINI-KLANGGESCHICHTE

Wie klingt die Eiche?

Die Eiche ist ein Mini-Lebensraum für sich: In, an, um, auf und unter der Eiche lebt eine Vielzahl von Tieren, Pflanzen und Pilzen. Manche von ihnen tragen die Eiche schon in ihrem Namen: Eichelhäher, Eichhörnchen, Eichelbohrer und Eichenwickler bevölkern diese etwas andere Eichen-Klanggeschichte.

VON TINA SCHERER

Blick in die Krone einer Eiche: Die Eiche bietet vielen Tieren Unterschlupf

Lesen Sie den Kindern die Geschichte zunächst vor. Kennen die Kinder die genannten Tiere? Haben Sie vielleicht schon einmal selbst eine Eichel oder Haselnuss mit einem kleinen, runden Loch darin gefunden? Dann wissen die Kinder jetzt, woher dieses Löchlein kommt!

Passend zum Text setzen die Kinder ihre Instrumente ein. Dabei können die Kinder die Instrumente laut und leise spielen, nur einfach oder mehrmals anschlagen und beim Eichhörnchen mit dem Schlegel auf dem Metallophon hinauf- und wieder herabfahren. Bei den sich wiederholenden Zeilen „Jedes Tierchen ...“ können alle Instrumente zusammen klingen.

ALTER

Ab 4 Jahren

MATERIAL

- Klanginstrumente nach Auswahl der Kinder (beispielsweise Ratsche für den Eichelhäher, Metallophon für das Eichhörnchen, Holzblocktrommel für den Rüsselkäfer und Triangel für den Eichenwickler)

© Sylvia_Adams/Thinkstock

EICHELHÄHER

Durch lautes Geschrei warnt der Eichelhäher die Tiere in der Eiche, wenn Gefahr naht

© sodapix sodapix/Thinkstock

EICHHÖRNCHEN

Eichenbaumbewohner mit Nahrung direkt vor der Haustür: das Eichhörnchen

DIE KLANGGESCHICHTE VON DEN EICHEN-TIEREN

Jedes Tierchen, groß und klein,
findet Eichenbäume fein.

*Der **EICHELHÄHER** mag Eichen sehr,*
wippt auf den Ästen hin und her.
Sein Krächzen warnt die Tiere im Wald:
Ich seh' es schon: Gefahr droht bald.

Jedes Tierchen ...

Am Eichenstamm hinauf, herunter,
Eicheln knabbern, immer munter.
*Das **EICHHÖRNCHEN** gehört dazu,*
legt sich in seinem Nest zur Ruh.

Jedes Tierchen ...
*Ein **EICHELBOHRER** mit langem Rüssel*
bohrt Löcher in die Eichelschüssel.
Käferkinder, winzig klein,
schlummern in der Eichel ein.

Jedes Tierchen ...

***EICHENWICKLER**, grün und zart,*
lieben jede Eichenart.
Die Raupenkinder, hungrig und klein,
finden Eichenblätter fein.

Jedes Tierchen ...

© Henrik_L/Thinkstock

EICHELBOHRER

Rüsselkäfer wie den Nussbohrer gibt es auch in der Eichenvariante, genannt Eichelbohrer

© Ian_Redding/Thinkstock

EICHENWICKLER

Was hier ganz zart und klein und unschuldig aussieht, kann großen forstwirtschaftlichen Schaden anrichten: der Eichenwickler

ERZÄHL- UND SPIELBEREICH

TIERISCHE WALDBAUMBEWOHNER KENNENLERNEN

Meine Heimat ist der Baum

Haben Ihre Kinder im Wald schon einmal ein Mauseloch gefunden? Ein Vogelnest? Den Eingang zu einem Fuchs- oder Dachsbau? Viele Tiere leben um, am, auf dem oder auch im Baum. Ein einziger Baum kann Lebensraum für die unterschiedlichsten Tiere sein. Bei diesem Zuordnungsspiel erfahren Kinder, was die Baumbewohner benötigen, um sich wohlzufühlen, wo sie ihre Wohnungen einrichten und warum.

VON MARION BISCHOFF

Auch die Fledermaus nutzt den Baum als Lebensraum und sucht in Baumhöhlen Unterschlupf

Gestalten Sie gemeinsam mit den Kindern auf dem Plakatkarton einen großen Baum. Achten Sie darauf, dass sowohl die Wurzeln, der Stamm, die Äste als auch einige Blätter gut erkennbar sind.

Fertigen Sie dann Waldtiere-Karten an. Sie können dazu die Kopiervorlage 10 benutzen oder sich eigene Karten gestalten. Legen Sie nun die Bildkarten der einzelnen Tiere bereit. Wissen die Kinder, wo die abgebildeten Tiere wohnen? Falls Sie Karten der Tierbehausungen zur Hand haben, können die Kinder die Behausungen den richtigen Tieren zuordnen. Dann überlegen alle gemeinsam, an welcher Stelle des Baumes das Tier wohl lebt.

→

ALTER

Ab 4 Jahren

MATERIAL

- **Plakatkarton (DIN A1 oder größer)**
- **Fingerfarben in Braun und Grün**
- **Pinsel**
- **Bildkarten (Fuchs/Fuchsbau, Maus/Mauseloch, Eichhörnchen/Kobel, Borkenkäfer/Rinde, Specht/Höhle, Amsel/Nest) oder nur die Bildkarten der Tiere oder aus Zeitschriften ausgeschnittene Waldtiere und Blankokärtchen**
- **Klettklebeband**

Der Fuchs lebt beispielsweise am Fuß des Baumes. Die Erklärung dazu ist relativ einfach. Er kann weder einen Baum hinaufsteigen noch kann er fliegen. Die Überlegungen für Eichhörnchen sind dabei schon komplexer: Denn einerseits ist es ja auch für das Eichhörnchen möglich, am Boden zu leben. Es tut dies nicht, da es dadurch einigen Feinden, wie etwa dem Fuchs, entgehen kann.

Zum Schluss bringen die Kinder die Behausungen samt Tieren am großen Baumposter an. Auch möglich: Die Kinder malen die Behausungen mit auf das Poster und legen die Bildkärtchen an die richtige Stelle.

WALDBAUMBEWOHNER VON UNTEN NACH OBEN

UNTER DEM BAUM IN DER ERDE

Waldmaus, Regenwurm, Maulwurf, Dachs, Fuchs, Pilze, Bakterien, Larven

AM UND IM BAUMSTAMM

In hohlen Baumstämmen Fledermäuse, in gehackten Höhlen im Baumstamm Buntspecht und weitere Spechtarten (Grünspecht)

UNTER DER RINDE

Borkenkäfer, Larven und Maden anderer Käferarten

AUF ÄSTEN UND ZWEIGEN

Eulenvögel wie Waldohreule und Waldkauz, Rabenvögel wie Eichelhäher und Elster, Singvögel wie Amsel, Tannen-, Blau- und Kohlmeise, Eichhörnchen, Baummarder

AUF BLÄTTERN

Blattläuse, Raupen von Baumspinnern, Marienkäfer, Maikäfer

ZUSATZTIPP

Die Kopiervorlage Nr. 7 beschäftigt sich ebenfalls mit den Stockwerken im Waldhochhaus.

Noch mehr Ideen

Klebetierchen: Statt mit Kärtchen können Sie auch mit ausgeschnittenen Tieren arbeiten. Schön ist es, wenn die Kinder die Tiere auf festen Karton aufkleben, ausschneiden und laminieren. Dann können sie die Tiere mit Klettklebeband immer wieder am, um, im, auf dem Baum befestigen und wieder abnehmen für viel Spielspaß.

Projekterweiterung: Gehen Sie aufmerksam in den Wald und finden Sie weitere Baumbewohner wie Raupen, weitere Vögel (Waldkauz) und nicht so bekannte Tiere wie das Mauswiesel. Integrieren Sie diese beim nächste Mal in das Spiel. Kann sich noch jemand erinnern, wo diese Tiere gesichtet wurden?

EINE GESCHICHTE VOM HELFEN

Der Waldkönig

Der Waldkönig entführt Sie in das Zauberreich des Waldes und zeigt den Kindern, wie schön es ist, sich gegenseitig zu helfen und zu unterstützen – Sozialkompetenz direkt aus dem Wald!

VON MARION BISCHOFF

ALTER

Ab 3 Jahren

DER WALDKÖNIG

Vor langer, langer Zeit lebte einmal ein armer Mann. Er wohnte in einem klitzekleinen Holzhäuschen mitten im Wald. Dort hackte er Holz und versorgte die Rehe, Wildschweine und Vögel, wenn eines der Tiere krank wurde.

Eines Tages kam ein stolzer Fuchs in den Wald marschiert und baute sich einen Unterschlupf ganz in der Nähe des Häuschens vom armen Mann. Kaum hatte sich der Fuchs dort niedergelassen, trauten sich die Waldtiere nicht mehr zu ihrem Holzhacker. Denn tagein, tagaus stolzierte der Fuchs vor seinem Bau hin und her. Sobald ihm eines der Waldtiere zu nahe kam, schwellte er die Brust und rief: „Ich bin der König des Waldes! Hier kommst du nicht vorbei! Oder ich fress dich!“

Der arme Mann wunderte sich, weil er keinen Besuch mehr von seinen tierischen Freunden bekam, und wurde immer trauriger. Da hörte er eines Tages in der Nähe seiner Hütte die Stimme der Rehmutter: „Bitte lass mich durch. Ich muss zum Häuschen vom Holzarbeiter. Mein Kind hat sich verletzt.“

„Hahaha“, lachte der Fuchs. „Das ist mir eine Freude. Dann kann ich mir deinen Sohn ja gleich fangen. Ich habe sowieso schon großen Hunger.“

Der alte Mann überlegte kurz, dann ging er zum Fuchs hin. „Warum lässt du meine Freunde nicht zu mir kommen?“, fragte er den Fuchs.

→

„Ich bin der König des Waldes. Und nur ich bestimme, wer wen besuchen darf. Außerdem brauche ich endlich mal wieder etwas Gutes zum Fressen." Mit der Vorderpfote rieb er sich über den Bauch.

Der Holzfäller trat noch einen Schritt auf den Fuchs zu. „Lass uns einen Wettkampf veranstalten. Derjenige von uns beiden, der diesen Wettkampf gewinnt, entscheidet in Zukunft, wer mich besuchen darf."

„Na gut. Ich bin einverstanden", nickte der Fuchs. „Aber wenn ich gewinne, bekomme ich auch das Rehkitz. Hier ist mein Wettkampfvorschlag: In der Nacht, wenn kein Licht mehr zu sehen ist, musst du mir folgen. Schaffst du es, mich nicht aus den Augen zu verlieren, bist du der Sieger. Schaffst du es nicht, gewinne ich und werde dich nicht mehr länger in meinem Wald dulden."

Der Holzfäller schluckte. „Ja aber ... Ich kann doch in der Dunkelheit gar nichts sehen."

Der arme Mann trottete verzweifelt zu seinem Häuschen zurück und ließ sich auf die Bank fallen. Er legte die Hände vors Gesicht und weinte. Wie sollte er der Rehmutter erklären, dass er ihr Kind nicht retten konnte? Auf einmal piepste es neben ihm. Eine Blaumeise hatte sich auf der Lehne der Bank niedergelassen und wisperte: „Ich habe gehört, dass du dich mit dem Fuchs duellieren wirst. Und ich habe eine Idee. Ich fliege gleich zum Uhu. Er weiß sicher einen Rat für dich."

Der Holzhacker streichelte dem Meischen über das Gefieder und bedankte sich. Bald darauf kam die Meise zurück: „Der Uhu wird dir helfen", piepste sie ganz außer Atem. „Er hat gute Augen, er kann sehen, wohin der Fuchs geht, und wird dir den Weg weisen. Du musst nur seiner Stimme folgen."

Bald darauf hatte sich der Himmel schwarz gefärbt und der Fuchs kam wieder zu dem Mann. „Ich werde nun losgehen. Findest du mich bis zum Morgengrauen, hast du gewonnen. Findest du mich nicht, gehört das Rehkitz mir!" Und damit verschwand der Fuchs in der Nacht.

Es war so dunkel, dass man nicht einmal seine Hand vor Augen sehen konnte. Doch da hörte der alte Mann das Huhu des Uhus. Nun war ihm nicht mehr bang. Er setzte vorsichtig einen Fuß vor den anderen und kam so der Stimme des Uhus näher. Kreuz und quer hetzte er durch den Wald, während viele Stunden vergingen, Glühwürmchen kamen herbei, um ihm ein wenig Licht zu schenken. Da entdeckte er den Fuchs, der in einem tiefen Loch saß und ängstlich heraufsah.

„Ich habe die Grube hier nicht gesehen und bin hineingestürzt. Hilf mir, bitte hilf mir, hier herauszukommen." Und der Fuchs streckte dem Holzfäller eine Pfote entgegen.

Der Holzhacker suchte nach einem langen Ast und hielt ihn in die Grube. „Hier, daran kannst du herausklettern. Aber halt!" Er zog den Ast noch einmal zurück. „Vorher musst du mir versprechen, dass du keinem der Waldtiere mehr verbietest, mich zu besuchen."

„Ja, ja. Ist schon gut. Ich lasse sie zu dir durch."

Der Uhu informierte die Tiere des Waldes mit lautem „Huhu!" über den Ausgang des Wettkampfes und alle eilten zum Häuschen des Holzhackers. Mäuse und Wildschweine, Rehe und Meisen, Spechte und Eichhörnchen und viele andere Tiere mehr. Der Holzhacker versorgte das Rehkitz und dann stellten sich alle im Kreis auf. Auch den Fuchs riefen sie zu sich. Der Uhu räusperte sich. „In der vergangenen Nacht hat unser Freund, der Holzhacker, bewiesen, dass er der Freund aller Waldbewohner ist. Und deshalb bin ich der Meinung, dass er unser Waldkönig sein soll." Die Amseln hatten dem alten Mann aus Blättern eine Blätterkrone gemacht, die sie ihm nun aufsetzten. Und so wurde der Holzhacker zum Waldkönig.

EIN WALDTHEATERSTÜCK ÜBER UMWELTSCHUTZ

Die Bäume retten den Wald

Ein kleines Theaterstück für Ihr Sommerfest oder für einen Waldtag mit den Eltern gesucht? Bei dieser Vorführung können die Kinder selbst aktiv werden, ohne schwierige Texte lernen zu müssen. Mit wenig Aufwand und Vorbereitung und viel Spaß inszenieren Sie auf diese Weise eine Menge Waldtheater. Der tolle Nebeneffekt dabei: Eltern und Kinder denken über das eigene Wegwerfverhalten nach.

VON MICHAELA LAMBRECHT

ROLLEN

SPRECHER:IN
4 BÄUME
3 SPAZIERGÄNGER:INNEN

REQUISITEN

ZERKNÜLLTES PAPIER
LEERE TÜTE
LEERER KUNSTSTOFFBECHER

ALTER

Ab 3 Jahren

MATERIAL

- Baumkostüme für die Kinder (beispielsweise braune Leggings oder Hosen und grüne, mit Blättern benähte Pullover, Gesichter nach Wunsch grün geschminkt)

Die vier Baumkinder stellen sich auf. Der Sprecher oder die Sprecherin kommt auf die Bühne geschlendert und stellt sich nach vorn, an den Rand.

→

© vovan13 / Thinkstock

SPRECHER:IN:
Es waren einmal, vor gar nicht allzu langer Zeit, vier kleine Bäume, die lebten zufrieden in einem Wald. Sie freuten sich, wenn Spaziergänger kamen, und lächelten ihnen freundlich zu. Sie winkten ihnen mit ihren Zweigen und Ästen zu und manche Spaziergänger:innen bemerkten es und winkten zurück oder freuten sich einfach.
(Spaziergänger:innen gehen an den Bäumen vorbei. Die Baumkinder winken ihnen zu, die Spaziergänger:innen winken zurück.)

SPRECHER:IN:
Eigentlich fühlten sich die Bäume sehr wohl in ihrem Wald, aber in letzter Zeit wurden die Bäume immer trauriger und trauriger. Was war geschehen? Leider ließen immer mehr Spaziergänger ihren Müll einfach bei den Bäumen liegen.
(Spaziergänger:innen laufen vorbei und werfen Müll hin.)

BAUM 1:
Oh je, schon wieder so viel Müll!

BAUM 2:
Wie das aussieht!

BAUM 3:
Und es stinkt ganz fürchterlich!

BAUM 4:
Was sollen wir bloß tun?

SPRECHER:IN:
Gemeinsam überlegten die vier Bäume, was sie tun könnten. Da hatte der kleinste Baum eine Idee.

BAUM 4:
Was haltet ihr davon, wenn wir ganz laut „Aua!" rufen, wenn jemand wieder seinen Müll bei uns wegwerfen will?

BAUM 1, 2 UND 3:
Au ja, so machen wir's!

SPRECHER:IN:
Und genauso machten sie es auch. Sobald wieder jemand seinen Müll einfach liegen lassen wollte, schrien die Bäume ganz laut „Aua!", und die Spaziergänger:innen erschraken so, dass sie ihren Müll sofort wieder aufhoben und mitnahmen. Glauben Sie nicht? Sehen Sie selbst.
(Ein:e Spaziergänger:in kommt auf die Bühne und lässt Müll fallen.)

ALLE BÄUME ZUSAMMEN:
Aua!
(Zwei andere Spaziergänger:innen kommen auf die Bühne und werfen Müll weg.)

ALLE BÄUME ZUSAMMEN:
Au!
(Die Spaziergänger:innen fahren zusammen, heben schnell ihren Müll auf und rennen davon.)

SPRECHER:IN:
Und so kam es, dass der Wald wieder sauber wurde. Die vier kleinen Bäume, aber auch alle anderen Bäume des Waldes waren wieder sehr glücklich.

WAS DARF MAN IM WALD WEGWERFEN, WAS NICHT?

Jeder Abfall stört das empfindliche Ökosystem im Wald. Darum dürfen Sie grundsätzlich überhaupt nichts im Wald wegwerfen. Auch Gartenabfälle wie Grünschnitt, Laub oder kleine Äste dürfen Sie nicht im Wald entsorgen.

Besonders störend sind aber Abfälle aus Kunststoff oder auch Motoröl, das den Waldboden auf längere Zeit verklebt.

© Ingram Publishing / Thinkstock

EINE WALDGESCHICHTE ZUM NACHSPIELEN

Vom kleinen Baum, der so gerne größer wäre

Gibt es auch in Ihrer Gruppe Kinder, die gerne größer wären? Für diese Kinder ist die folgende Geschichte gedacht. Weil die Geschichte so einfach ist, können die Kinder sie bald mit selbst angefertigten Spielbäumchen selbst nacherzählen.

VON MICHAELA LAMBRECHT

Richtig strecken und schon werde ich größer? Ein Baum und ein Kind erzählen ...

© Ingram Publishing / Thinkstock

DURCHFÜHRUNG

Lesen Sie den Kindern die Geschichte vom kleinen Baum einmal kurz vor. Fragen Sie nach Ideen, wie man die Geschichte nachspielen könnte. Mit den aus Tonkarton ausgeschnittenen Figuren können die Kinder die Geschichte frei nacherzählen. Vielleicht erfinden die Kinder noch weitere Abenteuer dazu?

VOM KLEINEN BAUM

Es war einmal ein kleiner Baum, der lebte zusammen mit seinen Geschwistern und Mama und Papa in einem kleinen Wäldchen. Er war etwas traurig, weil er der allerkleinste Baum in der Familie war. Dabei war er doch gar nicht der jüngste. Aber er wuchs einfach viel, viel langsamer als seine Geschwister.

→

ALTER

Ab 3 Jahren

MATERIAL

- Einige aus grünem Tonkarton ausgeschnittene Bäume
- Ein etwas kleinerer grüner Baum aus Tonkarton
- Aus Pappe oder Tonkarton ausgeschnittenes Mädchen

Immer wieder fragte er Mama und Papa, warum er so klein war, aber auch Mama und Papa wussten keine Antwort darauf. Seine Geschwister versuchten ihn immer wieder aufzumuntern, aber der kleine Baum war trotzdem traurig. Und wenn die größeren Bäume im Wind rauschten, dann stand er klein und winzig daneben und fühlte sich ganz allein.

© czarny_bez / Thinkstock

Eines Tages machte eine Familie einen Waldspaziergang in dem kleinen Wäldchen. Für die Baumkinder ist es immer etwas Besonderes, wenn Kinder im Wald spazieren gehen. Sie sind meistens lustig und hüpfen und lachen und springen. Manchmal singen sie auch. Das gefiel den Bäumen immer gut.

Nur ein kleines Mädchen sah etwas traurig aus. Es war kleiner als seine Geschwister. Der kleine Baum lächelte sie sofort an. Auch sie entdeckte den kleinen Baum direkt und lief auf ihn zu.

„Du bist mein Lieblingsbaum, du bist ja genauso klein wie ich!“, rief das Mädchen erfreut. Da war der kleine Baum ganz schön stolz. Und das Mädchen und der Baum lächelten sich zu. Von diesem Tag an besuchte das kleine Mädchen regelmäßig den kleinen Baum und sie wurden gute Freunde. Für Freunde ist es nämlich nicht wichtig, ob man groß oder klein ist.

Noch mehr Ideen

Zur Geschichte passt auch dieses kleine Mitmachspiel. Falls es den jüngeren Kindern noch schwerfällt, die Geschichte nachzuspielen, hilft es ihnen beim Nacherzählen.

Ein Baum, er war sehr zart und klein,
(Eine Hand hochhalten.)

stand im Wald so ganz allein.
(Mit den Fingern Tränen an den Augen andeuten.)

Am kleinsten war er von allen Bäumen,
(Mit Zeigefinger und Daumen einen kleinen Abstand andeuten.)

schien das Wachsen zu versäumen.
(Die Schultern hochziehen.)

© elias.kordelakos / Thinkstock

Traurig war er, weinte sehr,
(Wieder Tränen andeuten.)

da kam ein kleines Kind daher.
(Die andere Hand wird hochgehoben.)

Das Kind, das lächelte ihn an,
(Lächeln und winken.)

wie nur ein Kind anlächeln kann.
(Lächeln und winken.)

Das Kind besucht' ihn jeden Tag,
(Beide Hände nach oben halten.)

weil es den kleinen Baum so mag.
(Mit beiden Händen winken.)

Da war der kleine Baum sehr froh,
(Mit beiden Händen Drehbewegungen machen.)

bitte macht es ebenso!
(Mit beiden Händen winken.)

EIN SELBST AUSGEDACHTES WALDSPIEL FÜR VIELE GELEGENHEITEN

Das große Waldwürfeln

Ein Waldwürfel ist eine prima Sache: Zum Auslosen, Auszählen oder für ein selbst ausgedachtes Brettspiel können Sie beispielsweise den Waldtiere-Würfel von Kopiervorlage Nr. 9 nutzen. Oder Sie stellen sich Ihren ganz eigenen Waldwürfel her und kleben Blätter und Blüten auf.

VON TINA SCHERER

ALTER

Ab 3 Jahren

MATERIAL

- Nach Wunsch: Kopiergerät
- Tonkarton oder Pappe
- Farbstifte
- Klebstoff/Klebestift
- Nach Wunsch: Muggelsteine

Den Würfel auf einen stabilen Bogen Tonkarton oder auf Pappe übertragen. Die Kinder malen die Tiere und den Hintergrund nach Geschmack bunt an. Ausschneiden und den Würfel an den Klebelaschen zusammenkleben. Nun ist Ihr Spielgerät einsatzbereit.

SPIELIDEEN

AUSLOSEN

Aus mehreren Kindern den nächsten Spielleiter oder die nächste Spielleiterin aussuchen? Wer darf als Nächstes aufs Trampolin? Jedes Kind sucht sich ein Waldtier von den Würfelseiten aus. Wer sein Waldtier würfelt, hat gewonnen. Falls mehrere Tiere beim Würfeln Glück haben, gibt es ein Stechen unter allen Gewinner:innen.

WALDTIERE-SPORT

Wer ein Eichhörnchen würfelt, macht vor, wie das Eichhörnchen klettert. Ist eine Maus gewürfelt worden, wird das Trippeln der Waldmaus nachgemacht.

WALDMUGGEL-WÜRFELN

Jedes Kind bekommt zu Beginn des Spiels fünf Muggelsteine. Die Tiere nehmen verschiedene Rollen ein, die die Kinder sich ausdenken:

FUCHS: Schenke jemandem von deinen Mitspieler:innen einen Muggel.

EULE: Du darfst von jedem Kind einen Muggel einsammeln.

EICHHÖRNCHEN: Gib alle deine Muggel an das Kind links neben dir.

WILDSCHWEIN: Tausche deine Muggel mit jemandem aus der Runde, den du dir aussuchen darfst.

REH: Versuche jemandem zwei Muggel wegzunehmen. Bemerkt er es zu spät, darfst du sie behalten.

Noch mehr Ideen

WALDKRÄUTERWÜRFEL: Gepresste Blüten von Waldkräutern können ebenfalls Ihren Würfel zieren. Oder die Kinder wählen Fantasiefiguren aus dem Wald (Elfen, Feen, Wichtel, Hexen, Riesen und Zwerge).

WALD-SPIELFELD: Echte Spielfelder im Wald können Sie auf den Boden malen. Auch möglich: einen großen Bogen Tonkarton mit Spielfeldern bemalen. Auf manche Felder ein Fragezeichen oder einen Waldbaum malen. Ihr Würfel muss dann natürlich auf einer Seite ein Fragezeichen/einen Waldbaum zeigen. Landet der Würfel mit diesem Motiv nach oben, kann der Spieler oder die Spielerin eine besonders knifflige Waldrästelfrage bekommen. Einige Waldrätselreime finden Sie gleich hier.

WALDTIERE-REIMRÄTSEL

Ich hab einen schwarzen Rücken,
sechs Beine zum Entzücken.
Krabble auch auf deinen Wegen,
tritt nicht auf mich, schone mein Leben.
(Mistkäfer)

Ich schlängel mich durch Gras und Steine,
habe Arme nicht und keine Beine.
Mein Schuppenkleid glänzt hell und schön,
bin wie Metall auch anzusehen.
(Blindschleiche)

Im Dunkeln jag ich Nacht für Nacht,
ihr kleinen Nager, gebt nur Acht.
Ich liebe Vogelkind und Maus,
das ist mein bester Abendschmaus.
Ich fliege, doch du hörst mich nicht,
nur eines mag ich nicht: das Licht.
(Eule)

Ich wälz mich gern in Schlamm und Dreck,
komm abends erst aus mein'm Versteck.
(Wildschwein)

Von morgens bis abends bin ich auf der Hut,
ich schmecke Eulen und Füchsen gut.
Hab einen Schwanz, vier Pfötchen, bin schnell,
hab ein zartes, braunes Fell.
(Waldmaus)

KINDERKÜCHE

SÜSSE IDEEN AUS DEM SCHLARAFFENWALD

Fliegenpilzchen und Schoko-Igel

Das schmeckt nicht nur Wichteln und Waldhexen: Diese kleinen Schlemmereien sind zwar ziemlich zuckrig und daher nur ausnahmsweise als süße Überraschung zu empfehlen, aber dafür bringen sie den Zauberwald zu Ihnen in die Kita. Da beide Schlemmereien fast aus dem gleichen Teig zubereitet werden, können Sie den Teig auch gleich in der doppelten Menge herstellen, dann aufteilen und bei den Schokoigeln 2 Esslöffel Milch und 2 Esslöffel Kakaopulver extra zugeben.

VON TINA SCHERER

Echte Fliegenpilze aus dem Wald sind giftig – aus Teig jedoch ein echter Leckerbissen

© Kazakov/Gettyimages

ELFEN-DESSERT: FLIEGENPILZCHEN

Aus den Zutaten einen festen Teig rühren. Kleine Häufchen auf ein Backblech legen und etwa 15 Minuten bei 200 °C backen. Nach dem Backen auskühlen lassen. Die gewölbte Seite mit rotem Zuckerguss bestreichen. Dazu etwas Puderzucker mit einigen Tropfen Zitronensaft und roter Speisefarbe mischen. Trocknen lassen. In einer weiteren Schüssel einen sehr festen Zuckerguss anrühren. In einen Kunststoffbeutel füllen. Eine Ecke abschneiden und mit der so entstandenen Tülle weiße Tupfer auf die Pilzhütchen spritzen. Mit den Zuckergussresten die Hütchen auf den weißen Schokoküssen ankleben.

ZUTATEN
(FÜR ETWA 10 PILZE)

- 100 g weiche Butter
- 100 g Zucker
- 1 Päckchen Vanillezucker
- 1 Päckchen Vanillepuddingpulver
- 2 Eier
- 4 Esslöffel Milch
- 250 g Mehl
- ½ Päckchen Backpulver

AUSSERDEM

- 10 kleine weiße Schokoküsse oder Kokosschaumküsse
- ½ Päckchen Puderzucker
- Etwas Zitronensaft
- Rote Speisefarbe

WICHTELGENUSS: SCHOKO-IGEL

Alle Zutaten gut miteinander verrühren. Vom Teig mit zwei Teelöffeln kleine Häufchen auf ein mit Backpapier belegtes Backblech setzen. Etwa 15 Minuten bei 200 °C backen, dann auskühlen lassen.

Die Häufchen vorsichtig vom Blech lösen und auf die flache Seite legen. Die Schokoglasur nach Packungsangabe schmelzen und auf die Igel streichen. Als Stacheln die Mandelstifte hineinstecken.

VARIANTE

Statt Igel aus Teig können Sie auch einfach Birnen halbieren und das Kerngehäuse herauslösen. Die Birnenhälften mit der Wölbung nach oben auf Teller legen, mit Schokoguss übergießen und die Stacheln einstecken.

ZUTATEN
(FÜR ETWA 10 SCHOKO-IGEL)

- 100 g Margarine
- 100 g Zucker
- 1 Päckchen Vanillezucker
- 2 Eier
- 1 Päckchen Vanillepuddingpulver
- 6 Esslöffel Milch
- 2 Esslöffel Kakaopulver
- 250 g Mehl
- 1 Päckchen Backpulver

AUSSERDEM

- 1 Päckchen Schokoladenglasur
- 1 Tüte gestiftete Mandeln

REZEPTE MIT WALDKRÄUTERN UND FRÜCHTEN

Waldhexen-Schlemmereien

Das würden Waldhexen kochen: Einen Kräutertee, der den Wald in die Kita bringt, oder einen Salat, der mit Waldessig angemacht ist. Direkt im Wald bringt eine Waldpizza echtes Outdoorfeeling. Auch hier können Sie mit dem Wald würzen.

VON TINA SCHERER

Was Waldhexen schlemmen würden? Das können Sie mit den Kindern ganz leicht nachkochen und -backen

© invizbk / Thinkstock

WALDTEE

Die gesammelten Blüten und Blätter auf Küchenkrepp mehrere Tage an einem warmen, trockenen Ort windgeschützt trocknen. Größere Kräuter mehrmals wenden, damit sich kein Schimmel bilden kann. Von den Pflanzen dann je eine kleine Handvoll nehmen und so alles zu gleichen Teilen mischen. In Tütchen oder Gläser abfüllen und beschriften.

© ChamilleWhite / Thinkstock

ZUTATEN
IN AUSWAHL

- **Malvenblüten** (Juni bis September)
- **Schafgarbenkraut** (Juli bis September)
- **Wasser- oder Sumpfminze (wilde Minze)** (Juni bis September)
- **Wegwartenblüten** (Juli bis Oktober)
- **Holunderblüten** (Mai bis Juli)
- **Birkenblätter** (jung gesammelt, etwa April bis Juni)
- **Brennnesselblätter (mit Handschuhen gesammelt)** (ganzjährig)

WALDESSIG

Die Hagebutten waschen und abtrocknen. Handschuhe anziehen und die Hagebutten aufschneiden (eine Arbeit, die Erwachsene machen). Die Kernchen (ebenfalls mit Handschuhen!) herauspulen und die Schalen in die Flaschen geben. Den Essig auffüllen und verschlossen etwa 14 Tage an einem dunklen warmen Ort ziehen lassen. Danach den Essig abfiltern oder einfach durch ein Sieb gießen. Die vorbereiteten, heiß ausgespülten Flaschen bereitstellen. In jede Flasche zwei Zweige Rosmarin geben, den Essig einfüllen. Die Flaschen nach Geschmack verzieren und mit Etiketten bekleben.

ZUTATEN
(FÜR 2 KLEINE FLASCHEN)

- **500 g Hagebutten**
- **1 l Weißweinessig**
- **4 Zweige Rosmarin**

AUSSERDEM

- **2 verschließbare Flaschen (etwa 250 ml Fassungsvermögen)**
- **Filtertüten**
- **Sieb**

VARIATION

Statt mit den Hagebutten können Sie den Essig auch nur mit Kräutern zubereiten. Dazu benötigen Sie einige Stängel Dost (wilden Majoran), die Sie säubern, trocken schütteln und frisch mit in die Flasche geben.

WALD-PIZZA

Den Pizzateig in 10 Portionen teilen. Jedem Kind ein Stück Teig geben. Falls nötig drücken die Kinder ihren Teig zwischen den Handflächen platt. Jeden Fladen mit Tomatenmark bestreichen und mit Pizzagewürz und Reibekäse bestreuen. Nach Wunsch zusätzlich mit Salami belegen. Von allen Seiten mit Alufolie umwickeln. In der Glut – von unten und oben mit Glut bedeckt – etwa 20 bis 25 Minuten backen.

ZUTATEN
(FÜR 8 KINDER UND 2 ERZIEHER:INNEN)

- **Fertiger Pizzateig (aus dem Kühlregal, für 5 runde Pizzen)**
- **Tomatenmark (2 Tuben)**
- **2 Tüten Reibekäse**
- **1 Döschen Pizzagewürz**
- **Champignons in Scheiben**

AUSSERDEM

- **Lagerfeuer**
- **Alufolie**
- **Messer**

WÜRZTIPP

Sie können die Pizzen auch mit selbst gesammelten Kräutern bestreuen. An trockenen Wegrändern finden Sie ab Juli Dost (wilden Majoran) und Quendel (wilden Thymian oder Feldthymian).

WALD & WIESE

EIN BARFUSS-PFAD DURCH DEN WALD

Fußsohlen-Prickler

Einfach so barfuß durch den Wald laufen ist nicht sehr klug: Piksende Steine, Stechinsekten oder liegen gelassene Glasscherben sind keine Fußschmeichler. Ein selbst gebauter Barfuß-Pfad dagegen schon. Eine „Sinn-volle" Idee für Eltern-Kind-Waldtage, für die Sie (fast) kein Gepäck mitnehmen müssen, denn alles, was Sie für vielfältige taktile Fußsohlenwahrnehmungen benötigen, liefert Ihnen der Wald.

VON THERESA STENNER

Barfuß im Wald: Geht das? Na klar, wir bauen einen Barfuß-Fühlpfad mit Material vom Waldboden

Eine Lichtung, eine ebene Stelle zwischen Laubbäumen oder der Waldrand sind ideale Orte für einen selbst gebauten Barfußpfad. Bestenfalls befindet sich ein Bach in der Nähe, wo die Kinder ihre Hände und Füße waschen sowie Wasser zum Bauen holen können. Packen Sie alle genannten Utensilien ein und machen Sie sich mit den Kindern auf den Weg. Alle weiteren Materialien liefert der Wald.

DURCHFÜHRUNG

Einführend erklären Sie den Kindern, was ein Barfußpfad ist, und zeigen ihnen ein Beispielfoto. Daraufhin dürfen die Kinder loslaufen und herumliegende Zweige und Äste sammeln. Suchen Sie eine möglichst ebene Stelle auf dem Waldboden und befreien Sie diese von herumliegendem Laub und Ästen. →

ALTER

Ab 3 Jahren

MATERIALIEN

- Eimer
- Schaufeln
- Trockene Handtücher
- Erste-Hilfe-Set
- Sonnencreme
- Decken
- Beispielfoto eines Barfußpfades

Gemeinsam mit den Kindern legen Sie darauf einen etwa einen Meter breiten Weg aus Ästen, den Sie mit kurzen Stöcken in mehrere Felder unterteilen.

Anschließend besprechen Sie in der Gruppe, mit welchen Waldmaterialien man die einzelnen Felder füllen könnte, sodass sie sich möglichst unterschiedlich auf der Haut anfühlen (Blätter, Zapfen, Erde, Sand, Gras, Moos, Steine, Rinde, Schlamm und vieles mehr). Durch das Abtasten der verschiedenen Materialien mit Händen und Füßen erfahren die Eltern und Kinder, welche Qualitäten diese haben, und spüren die Resonanz auf der Haut.

WICHTIG: Weisen Sie auf einen achtsamen Umgang mit den Pflanzen des Waldes hin, bevor Sie die Eltern-Kinder-Teams losschicken, um die besprochenen Materialien zu sammeln.

NACH UND NACH füllen alle gemeinsam die Felder des Pfades. Achten Sie darauf, dass sie möglichst abwechslungsreich sind. Besonders toll finden die Kinder sicher ein Feld voller weichen Schlamm. Diesen können sie aus Erde, Sand und Wasser (aus einem Bach oder einer Pfütze) im Eimer selbst anrühren und auf den Pfad schütten.

DAS GROSSE HIGHLIGHT AM ENDE ist natürlich die Barfußpfadwanderung. Zuerst mit offenen, dann nach Wunsch mit geschlossenen oder verbundenen Augen laufen die Kinder und Eltern nacheinander barfuß über den Pfad. Dabei führen sich jeweils Paare an der Hand.

ZU EINEM KLEINEN SNACK können Sie danach auf ausgebreitete Decken einladen. Die Teilnehmenden können ihre Erfahrungen austauschen: Wie hat es sich angefühlt, über den Pfad zu laufen? Was haben sie dabei alles gespürt? War es warm, kalt, trocken, feucht, nass, rau, glatt, weich, hart? Welcher Abschnitt im Barfußpfad hat den Teilnehmenden am besten gefallen und warum? Gibt es einen Fußliebling: ein Feld, das alle am besten fanden?

BEI EINEM WEITEREN DURCHGANG dürfen die Kinder und ihre Eltern raten, auf welchem Feld sie sich jeweils befinden. Das schult nicht nur die taktile Wahrnehmung, sondern auch Kognition und Sprache.

ERWEITERUNG/VARIATION

Alternativ können Sie auch einen dauerhaften Barfußpfad im Kita-Garten anlegen, der sich mit den Jahreszeiten verändern oder erweitern lässt. In diesem Fall verwenden Sie als Basis am besten feinen Sand oder Kies und statt Stöcken große Steine als Abgrenzung. Die Kinder werden sicher mit Feuereifer beim Bauen helfen.

Als Steigerung können Sie für Fortgeschrittene auch Balancierstrecken und Hindernisse aus Hölzern und Steinen in den Pfad einbauen.

Noch mehr Ideen

Schlagen Sie den Eltern doch vor, einen Ausflug zu dem gebauten Barfußpfad zu machen und ihn sich von ihren Kindern zeigen zu lassen. Vielleicht haben die Eltern auch Lust, selbst einen Barfußpfad mit ihren Kindern im Garten oder anderswo zu bauen.

Auch die taktile Wahrnehmung der Jüngsten können Sie fördern, indem Sie mit ihnen barfuß über die Wiesen und durch den Wald laufen. In der Krippe können Sie verschiedene Wannen aufstellen, die Sie mit unterschiedlichen Naturmaterialien wie Blättern, Moos, Zapfen, Steinen und Erde füllen. Lassen Sie die Krippenkinder mit nackten Händen und Füßen darin spielen.

TRÄUMEN UNTER BÄUMEN

Vier Waldbäume stellen sich vor

Auf den folgenden Seiten stellen sich die wichtigsten vier Waldbäume vor, und zwar in Form von träumerischen kleinen Kraft- oder Traumreisen. Jeweils mit dazu servieren wir Ihnen ein kurzes Baumwissen zu jedem Kraftbaum. Träumen Sie mit und erfahren Sie die Kraft der Pflanzenriesen.

VON MARION BISCHOFF

Die mitspielenden Kinder (höchstens drei) lassen sich rund um die Buche nieder oder lehnen sich an den Stamm. Achten Sie darauf, dass rund um die Kinder Ruhe herrscht und sie nicht abgelenkt werden.

ALTER

Ab 4 Jahren

MATERIAL

- Vorlesegeschichte
- Buchen und Eichen (maximal drei Kinder pro Baum), bei mehr Kindern wiederholen Sie die Traumreise für die nächste Dreiergruppe

DIE EICHE

EINE TRAUMREISE ZUR EICHE

Komm zu mir, streichle meine Rinde. Fühlst du die knorrigen Holzstücke?

Such dir eines meiner Blätter. Weißt du, wie sie aussehen? Sie sind wellig, als habe jemand sie so zugeschnitten.

Setz dich auf eine meiner Wurzeln und schließe deine Augen. Lehne dich zurück und lausche. Hörst du, wie meine Blätter im Wind rauschen?

Fühle mein Blatt mit den Fingern und mit geschlossenen Augen. Spürst du die Adern, die sich wie dünne Fäden über meine Blätter verteilen? Durch sie gelangt das Wasser bis in meine Blattspitzen.

Merkst du, wie fest meine Wurzeln sind, auf denen du sitzt? Fühlen sie sich warm an? Lehne dich zurück und lege deine Wange an meine Rinde. Weißt du, ich mag Menschen, die vorsichtig mit uns Bäumen umgehen.

Rieche an meinem Blatt in deiner Hand, atme den Duft meines Stammes ein und wenn du magst, stehe nun langsam auf. Halte dich an mir fest, umarme mich und flüstere mir deinen Wunsch zu. Ich gebe ihn weiter. Meine Blätter wehen ihn mit dem Wind hinauf zu den Sternen.

EICHENWISSEN

Die in Deutschland am weitesten verbreitete Eichenart ist die Stieleiche oder auch Deutsche Eiche: Der Name kommt von den Eicheln, die an langen Stielen am Baum hängen. Die Eicheln dienen vielen Waldtieren als Nahrung und die Eiche selbst bietet zahlreichen Waldbewohnern Lebensraum.

DIE BUCHE

EINE TRAUMREISE ZUR BUCHE

Schön, dass du mich besuchst. Ich bin eine Buche. Leg deine Hand auf meinen Stamm. Fühlst du die Rinde, die mich beschützt?

Kannst du die kleinen Ästchen sehen, die bei mir an vielen Stellen den Stamm entlang wachsen?

Magst du dich zu mir setzen? Lass dich langsam zu Boden gleiten und lehne dich bei mir an. Schließ deine Augen und lausche. Hörst du die Vögel, die in meinen Zweigen zwitschern? Kannst du mein Laub im Wind rascheln hören?

Öffne deine Augen und blicke an meinem Stamm empor. Entdeckst du die Spitze meiner Baumkrone? Kannst du den Himmel durch mein Laub hindurch sehen? Möchtest du mir ein Geheimnis verraten? Ich verspreche dir, ich werde es nicht weitergeben. Such dir deinen Lieblingsplatz an meinem Stamm, leg deine Stirn dagegen und flüstere es mir zu. Ich werde es unter meiner Rinde bewahren und für dich festhalten, solange du willst.

BUCHENWISSEN

Die Rotbuche ist der in Deutschland häufigste Waldbaum. Der Namensteil Rot- bezieht sich nicht auf die Blätter, sondern auf die Farbe des Holzes. Im Herbst erkennen Sie die Rotbuche gleich an den Früchten, den Bucheckern, die von stacheligen Schalen umgeben sind. Rotbuchen werden ziemlich hoch (bis zu 30 Meter). Junge Rotbuchen haben eine ganz glatte, mehr graue als braune Rinde. Von der Buche leitet sich wahrscheinlich unser heutiges Wort Buchstabe ab, denn ursprünglich ritzten die Menschen wahrscheinlich Symbole in kleine Buchenholzstäbchen. Frische, junge Buchenblätter sind essbar und schmecken beispielsweise als Butterbrotbelag. Die Bucheckern, aus ihrer dreieckigen Hülle gelöst, sind geröstet oder angebraten ebenfalls essbar.

BLATTFORMEN

Blatt ist nicht gleich Blatt. Die Botanik unterscheidet bestimmte Blattformen: So haben Linden und Birken herzförmige Blätter, Buchen und Ulmen eiförmige, Salweiden lanzettlichförmige. Auch für den Blattrand gibt es Fachbegriffe: Der von Eichenlaub ist gebuchtet, aber gesägte, gezähnte und viele andere Formen sind ebenfalls möglich. Schauen Sie mal!

Blätter der Roteiche (eine aus Nordamerika eingeführte Eichenart)

Blätter der Hainbuche mit gesägtem Blattrand

Blatt einer Esskastanie mit stachelig gezähntem Blattrand

Birkenblatt mit gesägtem Blattrand

Blätter der Stieleiche mit gebuchtetem Blattrand

DIE HÄUFIGSTEN BÄUME IM WALD

Der Wald, wie wir ihn heute kennen, sah vor einigen hundert Jahren noch ganz anders aus. Durch die Aufforstungen, also das Anpflanzen von Bäumen oder die Aussaat von Samen, der vergangenen Jahre sind Nadelbäume heute die häufigsten Waldbäume. Heute bestehen etwa 60 % des Waldes aus Nadelbäumen. Ursprünglich waren in Europa aber (außer in gebirgigen Lagen) Laubbäume wesentlich häufiger.

DIE TOP 4 DER WALDBÄUME

Quelle: https://www.nabu.de/natur-und-landschaft/waelder/lebensraum-wald/13284.html

DIE FICHTE

EINE TRAUMREISE ZUR FICHTE

Komm zu mir und halte dich an meinem Stamm fest. Lehne dich mit dem Körper gegen mich und leg die Arme fest um meine Rinde. Magst du mit den Händen über meinen knorrigen Stamm streicheln?

Spürst du, wie meine dichten Zweige über dir ein Dach bilden und dich beschützen? Meine Nadeln piksen ein wenig, denn ich bin die Fichte. Ich behüte jeden, der zu mir kommt. Käfer und Insekten leben zwischen meinen Zweigen.

Magst du mich riechen? Dann nimm dir einen kleinen Ast und entferne ein paar meiner Nadeln. Wenn du sie in der Mitte knickst, riechst du mich. Kennst du diesen Duft?

Setz dich auf den Boden unter mir. Merkst du, wie weich es hier ist? Viele meiner Nadeln bedecken den Boden und sind Baumaterial für die Ameisen. Nimm sie ihnen nicht weg. Die Ameisen sind wichtige Arbeiter für uns Bäume.

Wenn es regnet, kannst du dich hier bei mir vor der Nässe schützen. Lehne dich an meinen Stamm. Was hörst du? Kannst du etwas sehen?

FICHTENWISSEN

Die Gemeine Fichte heißt auch Rotfichte oder (seltsamerweise) Rottanne. Als einer der höchsten Bäume wird die Fichte bis zu 50 oder auch manchmal 60 Meter hoch. Schnell erkennen können Sie den Nadelbaumriesen an den herabhängenden langen und schlanken Fichtenzapfen. Die immergrünen, dichten Fichtenwälder bieten vielen Vögeln wie Fichtenkreuzschnabel, Waldohreule und Habicht Lebensraum.

Kiefernzapfen

DIE KIEFER

EINE TRAUMREISE ZUR KIEFER

Hallo, ich bin es, die Kiefer. Hast du schon einmal gehört, wenn jemand von der knorrigen alten Kiefer gesprochen hat? Sicher hat er mich gemeint.

Ich bin knorrig. Schau dir einmal meine Rinde an. Siehst du, wie dick sie ist? Möchtest du mich anfassen? An manchen Stellen ist die Rinde so dick, dass du sie lösen kannst. Aber bitte, reiß mir nicht alles ab. Ich brauche die Rinde, um mich zu schützen.

Kann es sein, dass du mir jetzt ganz nahe bist? Schau mal zu deinen Füßen. Stehen sie auf meiner Wurzel?

Halte dich fest an meinem Stamm und wage einen Blick nach oben. Siehst du, wie meine Zweige sich winden? Ich strecke sie nicht geradeaus, mir gefällt es viel besser, wenn sie kurvig von mir abstehen. Übrigens findest du auf dem Boden oft auch meine langen Nadeln. Kannst du sie entdecken? Sie hängen in Büscheln zusammen.

Setz dich doch mal zu mir und nimm dir eine meiner Nadeln. Pikse sie vorsichtig auf deine Haut. Fühlst du, wie spitz sie sind?

Hast du noch Zeit? Dann lehne dich zurück und leg deinen Kopf auf meine Wurzel, sodass du zwischen meinen Zweigen hindurch zum Himmel schauen kannst. Möchtest du dir jetzt eine spannende Geschichte ausdenken? Ich bin gespannt, was dir einfällt.

KIEFERWISSEN

Die Gemeine Kiefer heißt auch Rotföhre oder Waldkiefer. Sie ist eine der am häufigsten angebauten Baumarten in Deutschland. Kiefernzapfen sind kugelig und sitzen auf den Zweigen. Sie fallen als Ganzes ab. Ähnlich wie Fichtennadeln haben sich auch Kiefernnadeln und das daraus gewonnene ätherische Öl als schleimlösendes Mittel bei Bronchitis bewährt. Wie aus anderen Nadelbäumen, so gewinnt man auch aus dem Harz der Kiefer Terpentinöl.

SPORTLICHE WALDSPIELE FÜR EINEN ELTERN-KINDER-TAG

Vom Wald bewegt

Ganz schnell ein Waldspiel für zwischendurch? Die Kinder sind unruhig und Bewegung muss her? Dann helfen die folgenden kleinen Ruck-zuck-Ideen. Hier sind vier „Das-geht-immer-Spiele“ für Sie, die Sie in jeden Waldtag einbauen können. Auch Eltern können hier prima mitmachen.

VON MICHAELA LAMBRECHT

Der Wald als Fitnesscenter für die ganze Familie

© Lisa5201/GettyImages

Wählen Sie im Vorfeld ein geeignetes Waldstück aus. Laden Sie die Eltern zu einem gemeinsamen Spieletag im Wald schriftlich ein. Ein Samstag ist besonders geeignet, da hier die Eltern wahrscheinlich besser Zeit haben.

© naumoid/Thinkstock

Zum Aufwärmen empfiehlt sich eine Runde Verstecken. Hier verstecken sich die Teilnehmenden natürlich hinter Bäumen. Oder Sie spielen „Fit im Wald“. Hierbei ist ein Kind Fitnesstrainer:in. Es macht einige Übungen vor, die die anderen nachmachen, beispielsweise über Wurzeln hüpfen, eine Strecke rückwärts gehen, einen Hampelmann machen … Hier wird natürlich mehrmals zwischen den Kindern gewechselt.

→

ALTER

Ab 4 Jahren

MATERIALIEN

- Dicke Rindenstücke, am besten von Kiefern
- Ästchen und Blätter von Eiche, Ahorn oder anderen Bäumen
- Handbohrer
- Niedriger Bachlauf oder Planschbecken
- Nach Wunsch und Idee: wasserfeste Filzstifte

BLIND DURCH DEN WALD GEHEN

Die Kinder und Eltern bilden eine Raupe. Dabei halten sie sich mit den Händen an den Schultern der vorhergehenden Person fest. Auch möglich: Alle halten sich einfach an den Händen. Alle Teilnehmenden dürfen nach Wunsch die Augen schließen. Sie oder Sie und einige Kolleg:innen gehen vorneweg und führen die Eltern-Kinder-Schlange vorsichtig eine kurze Waldstrecke entlang. Ein aufregendes Erlebnis! Danach dürfen die Teilnehmenden von ihren Eindrücken berichten.

© pliona / Thinkstock

GEMEINSAM EIN BILD LEGEN

Jeder Teilnehmende darf sich einen Gegenstand, beispielsweise einen Tannenzapfen, einen kleinen Stock oder ein Stückchen Moos, aus dem Wald auswählen und mitnehmen. Dann finden sich alle am Treffpunkt ein. Hier haben Sie mit einigen Stöcken als Rahmen ein kleines Stück Boden abgetrennt. Mit den mitgebrachten Gegenständen dürfen die Teilnehmer nun das „Bild" auslegen. Was da wohl entstehen wird?

WALDFENSTER

Legen Sie wieder mit Ihren Stöcken ein kleines Spielfeld auf dem Boden aus. Die Teilnehmenden versammeln sich um dieses „Fenster" herum: Was gibt es hier alles zu sehen? Kann man daraus auch eine Geschichte entwickeln?

ÄSTEHÜPFEN

Kleine Attraktion, wenn der Heimweg zu lang ist: Legen Sie mehrere kleine Äste hintereinander, sodass die Kinder darüberspringen können.

SUCHEN UND FINDEN

Verstecken Sie für alle Teilnehmenden in einem abgegrenzten Bereich Tannenzapfen. Jedes Kind soll einen Tannenzapfen finden und mitnehmen. Aus den gefundenen Tannenzapfen können alle zusammen als herzlichen Abschluss ein Herz legen.

© Nelli Faytilevich/GettyImages

WALDMEMORY

Wieder benötigen Sie einige Stöcke, um damit ein quadratisches, etwa tischgroßes Stückchen Boden abzugrenzen. Die Kinder (und Eltern) bekommen die Aufgabe, einen Gegenstand im Wald zu suchen, der jeweils doppelt ist, das heißt, sie sollen jeweils zwei (fast) genau gleiche Dinge mitbringen, beispielsweise zwei sehr ähnliche Zapfen, zwei gleiche Stückchen Moos … Die Gegenstände legen die Teilnehmenden wild durcheinander im Spielfeld ab. Nun sollen die Kinder die Zwillinge herausfinden und paarweise nebeneinanderlegen.

WAS MAN AM WALDRAND SAMMELN KANN – UND WAS NICHT

Nahrung aus der Hecke

Es glänzt schon von Weitem rot oder schwarz, den Vögeln scheint es auch zu schmecken. Man muss einfach nur die Hand ausstrecken, aber Halt! Ist alles, was lecker aussieht und so angenehm in Greifhöhe wächst, auch essbar? Wir führen Sie durch die ess- oder verwertbaren Wald- und Heckendelikatessen und zeigen, wovon Sie und die Kinder lieber die Finger lassen sollten. Den Anfang machen zwei essbare Heckenbeeren.

VON TINA SCHERER

Schwarzdorne wachsen fast in jeder Waldhecke: die Früchte heißen Schlehen und schmecken gekocht in der Marmelade

WEISSDORN

Weißdornhecken sind wild an Waldrändern und in gezüchteter Form an und um Gärten sehr häufig anzutreffen. Im Spätsommer reifen die knallroten, etwas harten Beeren heran. Lecker sind die Beeren vor allem gekocht und wenn Sie sie mit anderen Beeren mit mehr Geschmack kombinieren.

WEISSDORN-MARMELADE

- **500 g Weißdornbeeren**
- **Traubensaft (rot oder weiß)**
- **500 g Gelierzucker**

Die Weißdornbeeren waschen und mit dem Saft in einen Topf geben. Die Beeren sollten etwa fingerdick vom Saft bedeckt sein. Etwa 30 Minuten köcheln lassen. Die Masse dann durch ein feines Sieb streichen, um die Kernchen zu entfernen. Die aufgefangene Masse mit dem Gelierzucker aufkochen und weitere 5 Minuten kochen und gelieren lassen. Noch heiß in vorbereitete Einmach- oder Twist-off-Gläschen füllen.

SCHLEHEN

Die dunkelblauen Früchte des Schwarzdorns werden gern für Gin oder Liköre verwendet. Dabei schmecken die runden daumengroßen Beeren auch sehr gut in Marmeladen und Gelees. Warten Sie den ersten Frost ab, dann sind die Beeren süßer. Roh sollten Sie die Früchtchen nicht probieren, denn sie sind sehr sauer und hinterlassen ein pelziges Gefühl auf der Zunge. Die Kerne im Innern zu entfernen, dauert zwar etwas, aber dafür werden Sie mit einer sehr fruchtigen Konfitüre überrascht, vor allem, wenn Sie andere Heckenfrüchte ergänzen.

SCHLEHEN-BROMBEER-MARMELADE

- **500 g Schlehen**
- **250 g Brombeeren (frisch oder Tiefkühlprodukt)**
- **500 g Gelierzucker**

Die Schlehen mit Wasser bedeckt in einem Topf aufkochen und etwa 20 Minuten köcheln lassen. Die Masse durch ein Sieb streichen. Aufgefangenes Fruchtmus mit den Brombeeren und dem Gelierzucker aufkochen und mindestens 5 Minuten kochen lassen. Die Masse noch heiß in vorbereitete Twist-off- oder Einmachgläser füllen.

RÜHR SIE NICHT AN!

Giftpflanzen in der Waldhecke

AUCH IM WALD GIBT ES SEHR GIFTIGE PFLANZEN. MANCHE GIFTE DURCHDRINGEN AUCH INTAKTE HAUT. DARUM SOLLTEN SIE SICH EINIGE DER HÄUFIGSTEN SEHR GIFTIGEN PFLANZEN MERKEN. NICHT NUR DIE HIER GENANNTEN PFLANZEN SIND GIFTIG. IN IHREM WALD KÖNNEN AUCH NOCH WEITERE UND ANDERE GIFTPFLANZEN AUFTAUCHEN.

VON TINA SCHERER

PFAFFENHÜTCHEN

Etwa ab September zeigen sich die auffallend knall pinkfarbigen Früchte des Bäumchens, das in vielen Vorgärten und an Waldsäumen zu finden ist. Auch die Blätter verfärben sich sehr hübsch. Pflücken sollten Sie die Blätter trotzdem nicht und auch Früchte und Kerne sind sehr giftig.

TOLLKIRSCHE

Schwarz schillernde, dicke Beeren verlocken ab etwa Juli/August zum Pflücken und Essen: Gar nicht gut, denn die Pflanze ist tödlich giftig. An Waldwegen und Waldsäumen ist sie häufig zu finden. Früher verwendeten reiche Damen den Saft der Tollkirsche (ins Auge geträufelt oder in geringen Dosen eingenommen), um ihre Pupillen zu weiten und so den Eindruck von großen, glänzenden Augen zu erzielen. Daher rührt der lateinische Name Atropa bella-donna.

RIESEN-BÄRENKLAU

In Hecken, an Waldsäumen, entlang von Waldwegen hat sich diese Riesenpflanze breitgemacht, die aus Nordamerika eingeschleppt wurde. Ähnlich sieht sie unserem heimischen Wiesen-Bärenklau und wie dieser ist sie nicht nur allergen, sondern bei Berührung kann es auch zu Verätzungen kommen, vor allem in Zusammenhang mit Sonnenlicht.

U3-ERLEBNISREICH

MITMACHGESCHICHTE

Der Fuchs und die Maus

Bei dieser kleinen Mitmachgeschichte können wegen der sehr einfachen Sprache schon die unter Dreijährigen mitmachen. Es geht natürlich nicht darum, dass die Kinder sich alle Bewegungen merken können. Eher sollen die Kinder Freude an der Geschichte haben. Die Tatsache, dass man jemanden ganz leicht hereinlegen kann, indem man so tut, als höre man ein Geräusch, kennen die Kinder bestimmt auch schon. Es wird ihnen viel Freude machen, diesen Trick möglichst oft auszuprobieren.

VON TINA SCHERER

ALTER

Ab 2 Jahren

Es war einmal ein Fuchs. Der Fuchs war sehr schnell. Er konnte flitzen wie der Wind. Er war wirklich sehr gefährlich.
(Den flitzenden Fuchs nachmachen, fauchen.)

Der Fuchs hatte auch scharfe Krallen an seinen Pfoten.
(Die Hand zur Klaue spreizen, fauchen.)

Alle Tiere hatten fürchterlich Angst vor dem Fuchs.
(Bibbern vor Angst.)

Eines Tages wachte der Fuchs schon sehr früh auf. Er gähnte und reckte und streckte sich.
(Gähnen, sich strecken.)

Dann machte er einen kleinen Spaziergang.
(Auf der Stelle mit den Füßen stampfen.)

Da kam eine kleine Maus vorbei.
(Mit zwei Fingern über den Arm laufen.)

„Hm, lecker!", sagte der Fuchs zu der Maus, fauchte und stellte seine Pfote auf ihren Schwanz. Jetzt war die Maus gefangen.
(Fauchen, Klaue zeigen.)

Die Maus bekam fürchterliche Angst. „Bitte tu mir nichts!", flüsterte die Maus.
(Zittern.)

„Doch, ich werde dich fressen, ich hab nämlich ganz schön Hunger!"
Und damit machte der Fuchs ganz weit sein Maul auf.
(Ganz weit den Mund aufmachen.)

„Guck mal, dort drüben!", schrie die Maus und zeigte mit der Mausehand ins Gebüsch. „Da raschelt es, bestimmt kommt ein Riese."
Der Fuchs hob den Kopf:
„Was? Wo?"
(Sich umgucken.)

Für einen kurzen Moment war er nicht achtsam. Und die Maus? Die schnappte ihren Schwanz und tippelte so schell sie konnte davon.
Im Gebüsch war nämlich gar niemand.
(Kichern, wegtrippeln.)

Da hatte der Fuchs wieder einmal Pech gehabt.
(Mit den Schultern zucken.)

VON BÄUMEN UND EICHHÖRNCHEN

Waldreime zum Mitmachen

Ganz schnell ein Fingerspiel oder ein Mitmachgedicht gesucht? Diese kleinen Reimgeschichten können Sie mit den Fingern und mit Gesten erzählen und in Ihren Waldmorgenkreis einbauen, gerade wie es in Ihren Tagesplan passt.

VON MICHAELA LAMBRECHT

FINGERSPIEL

FÜNF KLEINE BÄUME

Von Tina Scherer

Fünf kleine Bäume schwanken im Winde,
es sind Eiche, Fichte, Buche, Kiefer und Linde.
(Die fünf Finger einer Hand hochhalten und dagegenpusten.)

Die Bäume rascheln mit ihren Blättern,
während Eichhörnchen in ihnen klettern.
(Mit den Fingern wackeln.)

Erst die dicke Eiche,
dann die schlanke Fichte,
dann die hohe Buche,
dann die dünne Kiefer
(Alle Finger einklappen und nacheinander wieder hochklappen: Der Daumen ist die Eiche, der Zeigefinger die Fichte ...)

und ganz zum Schluss, da raschelt im Winde
der kleinste von ihnen, der kleine Baum Linde.
(Zuletzt den kleinen Finger hochklappen und wieder mit allen Fingern wackeln.)

ALTER
Ab 1 Jahr

© Isabel Pavia/GettyImages

Fingerspiele mit und aus dem Wald gibt es hier für die Jüngsten

MITMACHGEDICHT

ALTER
Ab 1 Jahr

EICHHÖRNCHEN

Von Tina Scherer

Ein Eichhörnchen springt von Ast zu Ast,
so schnell, dass du's kaum gesehen hast.
(Auf der Stelle springen.)

Klettert an Zweigen hinunter, hinauf,
rennt den Stamm herab, herauf.
(Das Klettern mit Armen und Beinen nachstellen.)

Es knabbert an Eicheln und Nüssen,
hält sich am Baum fest mit seinen Füßen.
(In die Hocke gehen und knabbern wie ein Eichhörnchen.)

Im Boden verscharrt es die Nüsse ganz schnell,
putzt sich sein schimmerndes Eichhörnchenfell.
(Grabbewegungen nachmachen, das Fellputzen nachstellen.)

Dann legt es sich zum Schlafen ins Nest,
schaut nur, es schlummert schon tief und fest.
Gute Nacht, Eichhörnchen!
(Beide Hände zusammenlegen und den Kopf darauflegen wie zum Schlafen und dazu schnarchen.)

EINE RASSELGESCHICHTE MIT BAUMFRÜCHTEN

Klick, plopp, plapp

Ist Ihnen schon einmal eine Eichel auf den Kopf gefallen? Ab September könnte Ihnen das passieren. Eicheln, Kastanien und ihre Verwandten landen jetzt mit dem typischen „Plopp!" auf dem Waldboden – oder eben auf ahnungslosen Spaziergänger:innen. Nutzen Sie die Geräuschemacher für eine kleine Reimklanggeschichte.

VON TINA SCHERER

Können Bäume Musik machen? Na klar, mit unseren Rasselschachteln

© cesaria1/ Thinkstock

Die Kinder stellen einfache Rasseln her. Dazu bemalen sie die Pappschachteln mit unterschiedlichen Farben. Auf den Deckel malen Sie die jeweilige Frucht, also eine Eichel mit Hütchen, eine Kastanie oder eine Marone. In die Schachtel kommen die passenden Früchte. Statt der hier genannten können Sie selbstverständlich auch andere Früchtchen verwenden: Auch mit Hagebutten oder Wal- und Haselnüssen lässt es sich prima rasseln. Ergänzen oder ändern Sie dazu den Text nach Ihren gesammelten Schätzen ab. Die Kinder können auch Laubblätter in eine Schachtel füllen.

DURCHFÜHRUNG

Passend zu jeder Strophe rasseln die Kinder mit der dafür hergestellten Rassel. Dazu können die Kinder die Rasseln untereinander aufteilen. Horchen Sie gemeinsam hin: Hören sich Eicheln anders an als Kastanien? Welcher Baum rasselt am lautesten? Welcher ganz leise? Welche Schachtel mögen die Kinder am liebsten?

ALTER

- Ab 2 Jahren

MATERIALIEN

- Kastanien, Eicheln, Zapfen, Bucheckern, Maronen und/oder andere Baumfrüchte
- Pappschachteln oder kleine Schuhkartons
- Pinsel oder Schwämmchen
- Flüssige Farben

BAUM-KLÄNGE

Kastanien kullern vom Baum herunter,
kullern auf Laub und Boden munter.

Eicheln fallen vom Baum herab,
kommen am Boden auf: plopp, plapp!

Zapfen purzeln von Nadelbäumen,
entfalten sich gern in warmen Räumen.

Buchecker klicken ganz leise und fein,
Machen sich zwischen Laubblättern klein.

Maronen klackern zu Boden vom Ast,
damit du was Leck'res zum Essen hast.

© Halfpoint/GettyImages

© HeikeRau/Thinkstock

Noch mehr Ideen

KASTANIENBROT BACKEN

250 g gegarte Maronen (fertig in Bioläden) und eine Handvoll Waldnüsse (ohne Schale) klein hacken. 4 Teelöffel Trockenhefe in 340 ml lauwarmem Wasser auflösen und 2 Teelöffel Honig dazurühren. 100 g Maronenmehl (Esskastanienmehl) mit 200 g Dinkelmehl und 200 g Dinkelvollkornmehl sowie 1 Teelöffel Salz mischen. Dann alle Zutaten miteinander mit dem Knethaken des Handrührgeräts verkneten und mit den Händen weiterkneten. Den Teig eine Stunde gehen lassen. Aus dem Teig zwei dicke Baguettes formen und auf mit Backpapier belegten Blechen weitere 20 Minuten ruhen lassen. Die Brote, damit sie besser aufgehen, leicht einschneiden und mit Wasser bestreichen. Bei 220 °C etwa 25 bis 30 Minuten backen.

Statt der beiden Baguettes können die Kinder aus dem Teig auch Brötchen formen. Die Backzeit reduziert sich dann um etwa 10 Minuten.

Die Brote und Brötchen können Sie je nach Geschmack vor dem Backen auch mit etwas Mehl bestäuben oder mit Sesam oder Kümmel bestreuen.

© Duan Zidar - Fotolia

Aus Baumfrüchten lassen sich tolle Leckereien backen. Ein Kastanienbrot geht ganz schnell.

EIN MITMACHGEDICHT FÜR DEN WALD ODER DEN GRUPPENRAUM

Der Riese Stampf

Der Riese Stampf haust im Riesenwald, wo er sich ein Nest aus gemütlichen Steinen errichtet hat. Aber einmal in der Woche trifft er sich mit den anderen Riesen zum Tanz. Sie ahnen schon: Dann ist ganz schön was los im Wald! Ob die Kinder beim Riesentanz mitmachen möchten? Sie brauchen etwas Platz dafür – oder einen Wald.

VON TINA SCHERER

ALTER

Ab 2 Jahren

© iStock/Thinkstock

Für das Mitmachgedicht stellen sich die Kinder am besten in einem lockeren Kreis auf. Kinder, die noch nicht sicher stehen und gehen können, können auf einer Matte oder Decke sitzen. Am besten behalten Sie die jüngeren Kinder nah

Mit großen Schritten, laut und schwer,
kommt der Riese Stampf daher.
(Laut stampfend auf der Stelle gehen – wie der Riese Stampf, dazu ein brummiges Gesicht machen.)

Zum Tanz trifft sich der Riese heute
mit einer ganzen Riesenmeute.
(Jubeln.)

Alle rennen zum Tanz herbei,
so schnell es geht, oh weh, oh weih!
(Auf der Stelle rennen.)

Sie tanzen gemütlich im Kreise herum,
dazu singen sie fröhlich dideldei, dideldum.
(Auf der Stelle tanzen oder sich um sich selbst drehen.)

Dann klatschen sie in die Hände so laut,
dass sich kein Waldtier nach draußen traut.
(Laut in die Hände klatschen.)

Sie springen, dass die Erde bebt
und Matsch an ihren Füßen klebt.
(Auf der Stelle springen.)

Sie latschen mit großen Riesenschritten,
so sind nun mal die Riesensitten.
(Einen ganz großen Schritt machen.)

Die Riesen geben sich die Hand,
denn so ist es Sitte im Riesenland.
(Dem nächststehenden Kind die Hand geben und sie kurz schütteln. „Guten Tag" wünschen.)

Sie drehen sich um sich selbst im Kreis,
dann werden die Riesen plötzlich leis'.
(Sich auf der Stelle einmal um sich selbst drehen, dann den Finger an den Mund legen und „Pssst!" machen.)

Der Riese Stampf schlurft müd' und matt,
weil er jetzt keine Lust mehr hat.
(Schlurfen mit hängenden Schultern.)

In sein Riesenbett aus Stein,
da legt sich Riese Stampf jetzt rein.
(Sich auf den Boden setzen oder hocken.)

Der Riese macht die Augen zu,
auch Riesen kommen mal zur Ruh'.
(Schlafen nachmachen und schnarchen.)

bei sich, damit die anderen Kinder sie nicht umrennen. Machen Sie die Bewegungen passend zum Mitmachgedicht vor, damit die Kinder sie nachahmen können. Sie können dazu unsere Vorschläge in den Klammern nutzen oder sich mit den Kindern selbst Ideen zum Umsetzen überlegen.

Warum die Tiere heute lieber im Bau bleiben? Der Riese Stampf ist unterwegs ...

Ab in die „Steckdose"

VON TINA SCHERER

Auf einem Waldspaziergang sammeln Sie mit den Kindern Zapfen, Steine, Eicheln, Maronen, Kastanien, je nachdem, was Ihr Wald Ihnen gerade anbietet. Zurück in der Kita können Sie die Waldschätze zunächst zusammen reinigen: von Erde befreien, falls nötig unter fließendem Wasser säubern, abtrocknen. Alle Schätze legen Sie auf einem großen Tuch aus.

Steck- und Fühlmaterial für die Jüngsten direkt vom Waldboden

Lassen Sie die Kinder mit den Stücken nach eigenen Ideen spielen, beispielsweise alles sortieren. Beim Sortieren können Sie ansetzen, indem Sie den Kindern Steckdosen anbieten.

Dazu bringen Sie als Erwachsene mit dem Cutter Öffnungen in den Deckeln der gesammelten Dosen an: Pappschachteln mit genügend großem Fassungsvermögen und auch Haushaltsdosen aus Kunststoff können richtig sein. Bringen Sie verschieden große Löcher in den Deckeln an. Falls nötig umkleben Sie scharfe Kanten mit Klebeband.

Die Kinder können nun die Waldschätze in die Öffnungen stecken und dabei herausfinden, dass nicht jede Frucht durch jede Öffnung passt. Die Kinder können die Dosen und Schachteln auch untereinander tauschen.

ALTER

Ab 1 Jahr

MATERIALIEN

- Kunststoffdosen oder große Pappschachteln mit Deckel (zum Aufklappen)
- Cutter/Teppichmesser (benutzen nur Erwachsene)
- Nach Wunsch: Klebeband
- Naturmaterialien wie Kastanien, Eicheln, Maronen, getrocknete Hagebutten, Steine, Zapfen

KOPIERVORLAGEN

KOPIERVORLAGE 1:

Welche Tiere leben im Wald?

Welche dieser Tiere leben im Wald? Male die richtigen Waldtiere bunt an.

IDEE: HEIKE KÖNIG

KOPIERVORLAGE 2:

Waldgewimmel

Im Wald ist viel los – ob Tag oder Nacht. Kannst du die Eidechse und den schlafenden Igel finden? Male beide farbig an.

IDEE: HEIKE KÖNIG

KOPIERVORLAGE 3:

Welche Frucht gehört zu welchem Blatt?

Verbinde diese Früchte mit dem richtigen Blatt, also Rosskastanie mit Rosskastanienblatt.

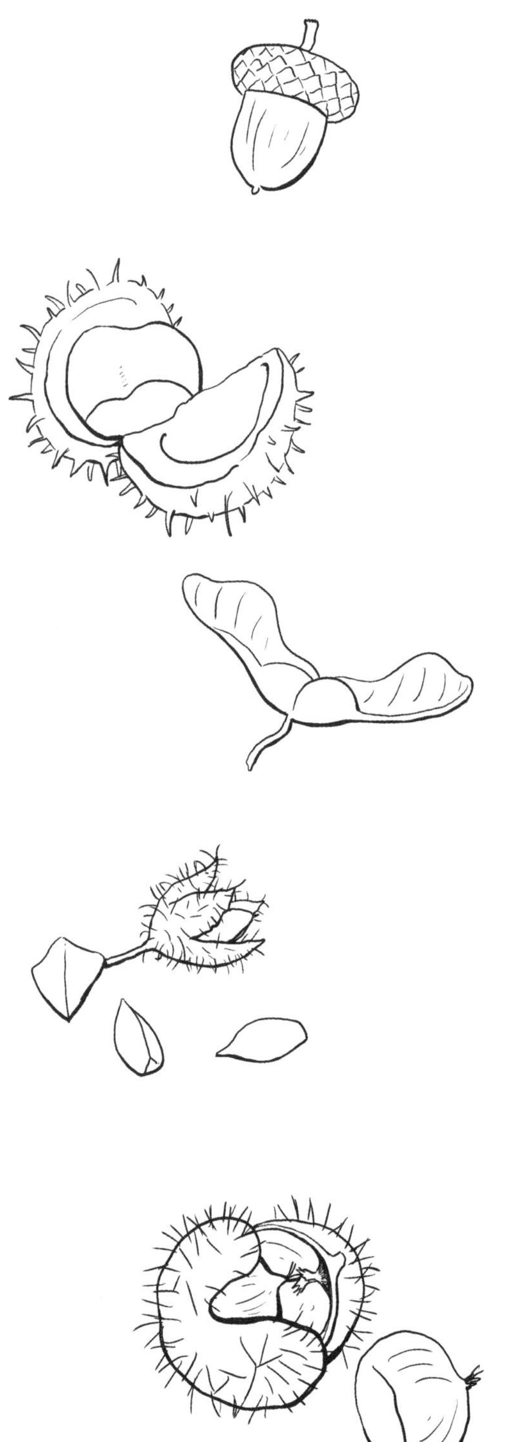

IDEE: TINA SCHERER

KOPIERVORLAGE 4:

Blätterhexenwerk

Da war doch die Blätterhexe am Werk! Sie hat alle Blätter verzaubert. Kannst du helfen und alle Blätter vervollständigen?

IDEE: HEIKE KÖNIG

KOPIERVORLAGE 5:

Hilfe für das Wildschwein

Das Wildschwein hat großen Hunger, aber welcher Weg führt es zu den leckeren Pilzen? Kannst du ihm helfen und den richtigen Weg farbig anmalen?

IDEE: HEIKE KÖNIG

KOPIERVORLAGE 6:

Welche Tierspur gehört zu welchem Tier?

Die Tiere haben im Wald eine Spur hinterlassen. Kannst du die Spur weitermalen, sodass sie zum richtigen Tier führt? Du kannst die Spur auch einfach mit dem richtigen Tier verbinden.

IDEE: HEIKE KÖNIG

KOPIERVORLAGE 7:

Wer bewohnt die Waldetagen?

Schneide die Tierkärtchen aus und klebe jedes Tier in das richtige Waldstockwerk. Bei manchen Tieren sind mehrere Waldetagen richtig.

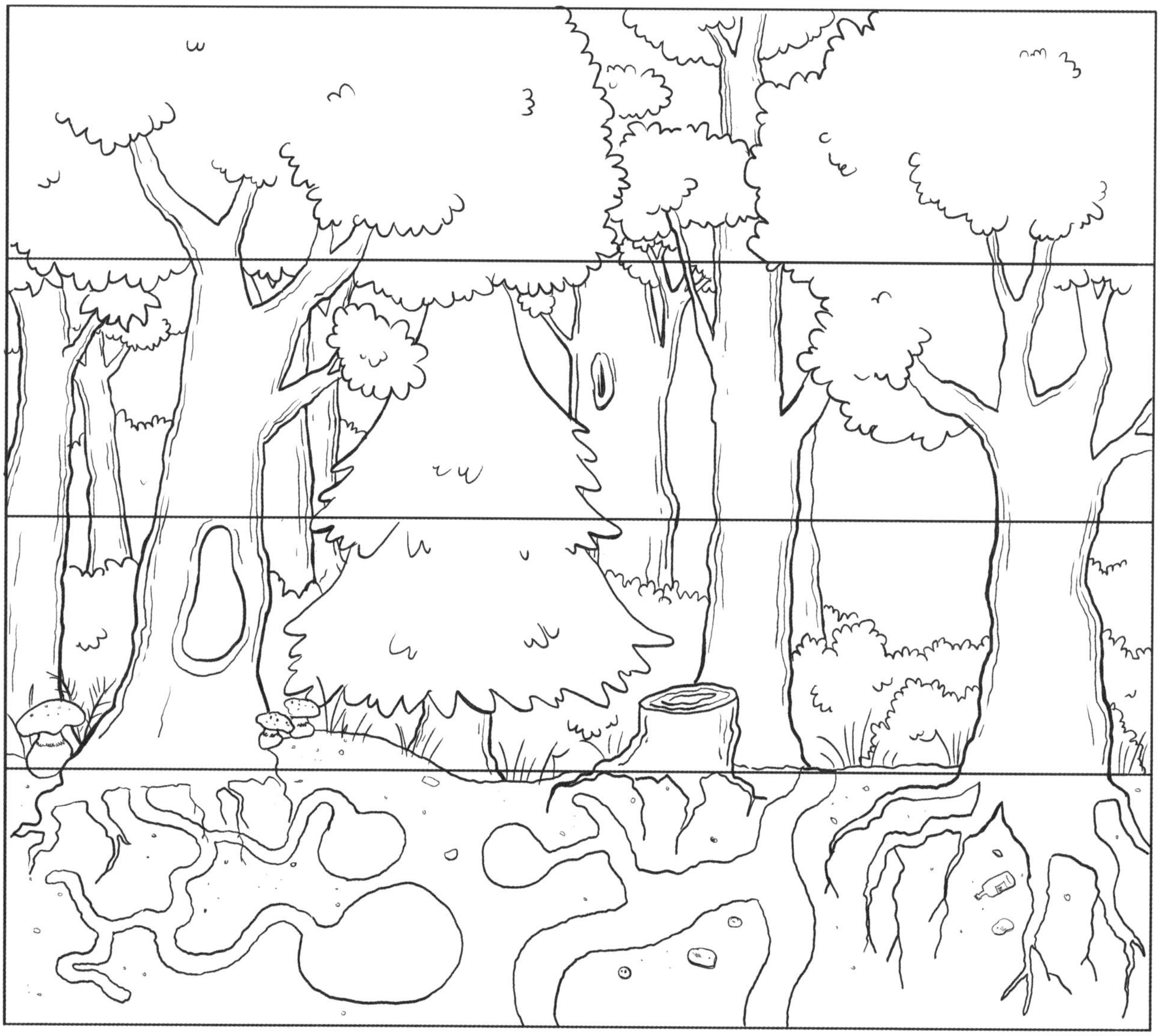

IDEE: HEIKE KÖNIG

KOPIERVORLAGE 8:

Eulenpaare

Diese Eulen suchen ihre Partner.
Male die beiden gleichen Eulen in der gleichen Farbe an.

IDEE: HEIKE KÖNIG

KOPIERVORLAGE 9:

Waldtier-Würfel

Gestalte dir deinen eigenen Waldtier-Würfel: Male alle Felder farbig an, schneide die Vorlage aus und klebe den Würfel zusammen. Spielideen gibt's im Kapitel „Erzähl- und Spielbereich".

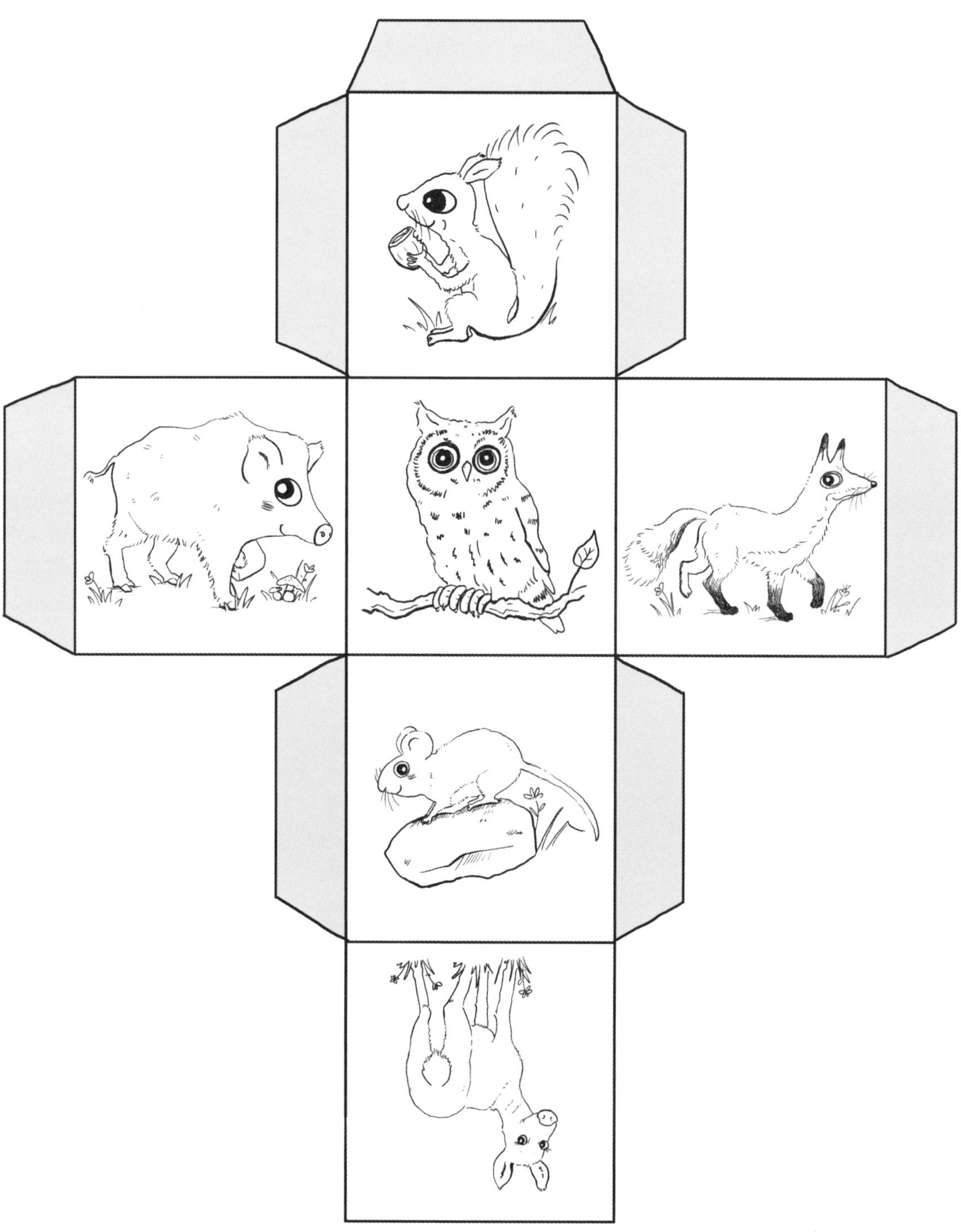

IDEE: HEIKE KÖNIG

KOPIERVORLAGE 10:

Waldtier-Kärtchen

Kopiere die Kärtchen etwas größer und doppelt auf Blätter oder Pappe. Male die Tiere an und schneide die Kärtchen aus. Du kannst sie nun für viele Spiele verwenden.